Psíquica

La guía definitiva de desarrollo psíquico para desarrollar habilidades como la intuición, la clarividencia, la telepatía, la curación, la lectura del aura y la mediumnidad

© Copyright 2019

Todos los derechos reservados. Ninguna parte de este libro puede ser reproducida de ninguna forma sin el permiso escrito del autor. Los reseñantes pueden citar pasajes breves en los comentarios.

Cláusula de exención de responsabilidad: Ninguna parte de esta publicación puede reproducirse o transmitirse de ninguna forma ni por ningún medio, mecánico o electrónico, incluidas fotocopias o grabaciones, ni por ningún sistema de almacenamiento y recuperación de información, ni transmitirse por correo electrónico sin la autorización escrita del editor.

Si bien se han realizado todos los intentos para verificar la información provista en esta publicación, ni el autor ni el editor asumen ninguna responsabilidad por los errores, omisiones o interpretaciones contrarias del contenido aquí presente.

Este libro es solo para fines de entretenimiento. Las opiniones expresadas son solo del autor y no deben tomarse como instrucciones u órdenes de expertos. El lector es responsable de sus propias acciones.

El cumplimiento de todas las leyes y normativas aplicables, incluidas las leyes internacionales, federales, estatales y locales que rigen las licencias profesionales, las prácticas comerciales, la publicidad y todos los demás aspectos de realizar negocios en los EE. UU., Canadá, el Reino Unido o cualquier otra jurisdicción es de exclusiva responsabilidad del comprador o lector

Ni el autor ni el editor asumen ninguna responsabilidad u obligación alguna en nombre del comprador o lector de estos materiales. Cualquier desaire percibido de cualquier individuo u organización es puramente involuntario.

Índice

INTRODUCCIÓN 1

CAPÍTULO 1: ¿QUÉ ES EL PODER PSÍQUICO Y CÓMO DESCUBRE USTED SU TIPO INTUITIVO? 2

    Cuatro tipos de intuición psíquica 8

        Clariaudiencia 8

        Clarividencia 8

        Clarisintiencia 9

        Clariconocimiento 9

CAPÍTULO 2: CÓMO DESARROLLAR SUS HABILIDADES PSÍQUICAS 15

CAPÍTULO 3: PROTECCIÓN PSÍQUICA 30

CAPÍTULO 4: SANACIÓN CLARIVIDENTE 42

CAPÍTULO 5: TELEPATÍA 48

CAPÍTULO 6: MEDITACIÓN GUIADA 53

CAPÍTULO 7: CONECTANDO CON GUÍAS ESPIRITUALES 58

CAPÍTULO 8: AURAS Y LECTURA DEL AURA 63

CAPÍTULO 9: LA MEDIUMNIDAD 68

CAPÍTULO 10: INTERPRETACIÓN DE LOS SUEÑOS 72

CONCLUSIÓN 87

Introducción

Los siguientes capítulos analizarán qué es la capacidad psíquica, los cuatro tipos intuitivos y las herramientas necesarias para ayudarlo a desarrollar su propio potencial de premonición psíquica, curación y protección contra las fuerzas negativas. También proporciona instrucciones para ponerse en contacto con sus Guías espirituales (también conocidos como Ángeles Guardianes), Meditación guiada, Mediumnidad y Telepatía.

Aprenderá a interpretar los mensajes psíquicos y energéticos que recibe de otros y del reino espiritual, así como a leer las auras de las personas, tanto visual como energéticamente. El objetivo es comenzar desde el principio de lo que es un largo y fructífero viaje para descubrir y fortalecer sus habilidades psíquicas al proporcionarle formas útiles y detalladas en las que puede practicar "flexionar su músculo psíquico". Este libro explora más a fondo los diferentes tipos de lecturas psíquicas, que se completan con ejemplos y guías sobre cómo interpretar diferentes señales.

Capítulo 1: ¿Qué es el poder psíquico y cómo descubre usted su tipo intuitivo?

Las habilidades psíquicas de la vida real no son realmente como lo que crecimos viendo en la televisión. Los psíquicos no obtienen un destello vívido de la nada hacia el futuro, como una pequeña película reproducida en su tercer ojo, justo a tiempo para advertir al sujeto de la visión para que puedan cambiar su destino, la capacidad de percibir lo que depara el futuro no es solo la materia de Hollywood. Aunque es mucho más sutil que la forma en que se lo representa en la televisión, es más una intuición.

Ahora, todos tienen intuición, pero la intuición psíquica de algunas personas es más fuerte que otras por varias razones diferentes, la más común es que no la ejercen mucho, ya que generalmente no creen en la intuición y, como resultado, no la escuchan o no la detectan. También podría ser debido a un bloqueo emocional o un trauma que le impida acceder a su canal psíquico y enfocar su energía adecuadamente. Por lo tanto, nunca se desarrolla y permanece sin uso y latente en el subconsciente de una persona.

Mire, su intuición es como un músculo, tiene que seguir usándola y practicándola para que se convierta en una verdadera habilidad psíquica. Si ha crecido en un entorno en el que se le alentó a confiar en su "sexto sentido", es más probable que tenga una capacidad psíquica más fuerte. ¡Pero hay buenas noticias para aquellos que fueron criados por los escépticos del mundo y/o si usted es un escéptico! Incluso si no tuvo esta exposición temprana y el permiso para desarrollar su don, eso no le descalifica para alcanzar el poder psíquico. Para aquellos de ustedes que necesitan un poco de entrenamiento espiritual, ¡comencemos!

Una cosa que las personas que están más en contacto con su intuición a menudo se preguntan cuando tienen la sensación de que algo anda mal es: ¿simplemente estoy ansioso y paranoico, o mi sentido de presentimiento es legítimo? El truco que normalmente funciona para llegar al fondo de la duda sobre su sentido y si solo es ansiedad o una premonición real es: si siente un repentino destello de presentimiento o alguna sensación de que algo va a salir mal y luego desaparece, esa es su intuición. Preste atención a la sensación y escuche lo que le dice, de lo que le está advirtiendo. Podría ser muy importante. Sin embargo, no durará mucho, así que intente interpretarlo de la mejor manera posible, incluso puede escribir cómo se siente. Si tiene la sensación de que algo está mal y no puede dejar de pensar en ello todo el día hasta el punto en que lo piensa demasiado y analiza en exceso para tratar de averiguar qué significa y cómo puede resolverlo al extremo de que está bastante nervioso y eso simplemente no desaparecerá, es más probable que sea solo ansiedad y no una verdadera predicción psíquica en este caso. Es fácil saber cuándo es la ansiedad porque la sensación no lo deja en paz.

Otra señal de que es una premonición psíquica sería un tipo de sensación de hormigueo. Las premoniciones psíquicas también suelen ir acompañadas de una sensación de hormigueo en el cerebro, generalmente en la parte superior o entre los ojos. No siempre vienen con esta sensación, pero lo más probable es que si lo que cree que está sintiendo está acompañado de un cosquilleo en la cabeza, es bastante seguro decir que es una premonición.

También puede sentirse muy agotado o con poca energía después de una premonición psíquica, aunque esto también puede deberse a la ansiedad, ya que el estrés y la agonía por algo pueden tener un efecto mental y hacer que se sienta agotado a lo largo del día y después. Por lo tanto, esta no es una forma segura de saber si es una premonición, pero las premoniciones psíquicas hacen que uno se sienta cansado, especialmente en el caso de los principiantes, ya que todavía no saben cómo usar la energía del universo para obtener ayuda.

El uso de su propia reserva de energía no suele ser la mejor manera de realizar la práctica psíquica, ya que es limitada (en oposición a la del universo que es ilimitada) y puede agotarse muy rápidamente. Si obtiene una premonición de la nada (es decir, si recibe una premonición, aunque no intentara recibirla), no le dejará una opción de ser ayudado por la energía del universo, pero si se está proponiendo hacer una lectura psíquica, es importante no usar su propio suministro de energía limitado y tratar de leer y recibir premoniciones sin ayuda.

A medida que comience a despertar sus poderes psíquicos, comenzará a notar algunos cambios en su vida. Esta es una señal segura de que está en el camino correcto y de que sus habilidades están creciendo. Esté atento a cualquier cosa que note sobre usted que esté fuera de lo común o si la gente dice que usted parece diferente. ¡Esto es probable porque vibra a mayor energía ahora que ha empezado a despertar su intuición!

Los sueños vívidos son un signo seguro de esto. Probablemente se dará cuenta de que cuanto más sintonizado esté consigo mismo y con sus habilidades, más vívidos serán sus sueños. Si es alguien que rara vez sueña, o rara vez recuerda sus sueños (y si lo hace solo son imágenes y sentimientos vagos), notará un aumento en sus sueños y podrá recordarlos de manera más vívida. Esto se debe a que una vez que sus poderes psíquicos han sido despertados, su subconsciente se libera más y se bloquea menos, por lo que los sueños fluyen de manera más natural. También puede recibir mensajes psíquicos en sueños (vea el capítulo 10). Estar más en sintonía con su intuición también aumenta su energía, conciencia y conexión con el mundo espiritual, que puede presentarse en sus sueños ahora que su mente ha estado más despierta.

Junto con sueños vívidos y sensaciones de hormigueo, también puede experimentar una mayor frecuencia en los dolores de cabeza. Si lo hace, por favor consulte a un médico para estar seguro. Podría ser un signo de que sus capacidades mentales se esfuerzan y se cansan de la práctica psíquica que ha estado haciendo. La cantidad de energía que tiene que utilizar para conectarse y enfocarse en su intuición y el reino psíquico es excelente, e incluso si se conecta con la energía del universo, todavía puede ser una gran tensión y una carga para el cerebro de un psíquico principiante. Sin embargo, no tema: los dolores de cabeza deberían comenzar a disiparse a medida que progresa y desarrolla sus habilidades y se vuelve más fuerte y enfocado. Eventualmente, a medida que adquiera más experiencia y esté en contacto con su intuición, las lecturas psíquicas pueden convertirse en una segunda naturaleza, y aunque es probable que sigan cansando, los dolores de cabeza deberían disminuir a menos que esté realizando una lectura particularmente difícil o una lectura que requiera una cantidad de energía, enfoque y tiempo. Si no cesan, nuevamente, hable con su médico acerca de sus síntomas. Es importante recordar esto para todos los síntomas, dolores y molestias que se pueden asociar con la lectura psíquica, etc. Siempre es mejor estar seguro y controlarlos, ya que la capacidad psíquica es solo una explicación posible.

También puede notar que sus otros sentidos se agudizan ahora que está en el camino hacia la conciencia psíquica. Si ha notado que ya no necesita que los subtítulos estén activados cuando está viendo una película, su paleta ha cambiado ligeramente, sus ojos parecen más nítidos de lo normal o los colores se vuelven más vívidos, usted es más sensible a ciertas telas y puede captar y localizar los olores con mucha más facilidad, esto puede atribuirse a su mayor potencial psíquico. Después de todo, está aumentando su sexto sentido; es natural que las otras facultades también aumenten su habilidad. Ahora, si se siente frustrado porque aún necesita sus lentes a pesar de que sus habilidades psíquicas están aumentando, solo recuerde que convertirse en un psíquico no es una cura para nada. No le permitirá de repente ver con visión 20/20 o darle una paleta refinada; puede simplemente elevar ligeramente sus sentidos, eso es todo. Es solo un signo de mayor poder.

Cuanto más comiencen a mostrarse sus poderes psíquicos, más alta será su vibración. Cuanto más alta sea su vibración y energía, menos tiempo querrá pasar con personas negativas o haciendo cosas negativas. No se sorprenda si, mientras se encuentra en su viaje psíquico, sus ojos sean abiertos a la negatividad y los hábitos negativos de algunas de las personas en su vida. Esta es una parte completamente normal del viaje psíquico, y puede terminar sintiendo la necesidad de eliminar a ciertas personas de su vida o dejar de realizar ciertas actividades negativas en las que participaba. Drama innecesario, rudeza, chismes, comportamiento dañino, etc.., son todos ejemplos de cosas que comenzará a tener la fuerte necesidad de evitar o cesar. Esto no quiere decir que no pueda disfrutar de su programa de televisión de realidad favorito de vez en cuando, o sacar a un amigo de su vida porque está luchando contra una adicción o porque está teniendo un mal día y se enoja con usted o son negativos en el sentido de que están tristes y tal vez luchan contra la depresión. Sin embargo, las personas que siempre son negativas y quieren arrastrar a otros con ellos no son personas con las que quiera estar. Si se siente bien para usted y al final le traerá felicidad y le dará poder en su viaje, entonces es mejor que elimine a estas personas (tan gentilmente como sea posible, sin ser grosero o agresivo al respecto, sea cortés y sensible si cree que les debe eso) o deje de hacer estas cosas que traen negatividad a su vida. La negatividad es extremadamente agotadora para los no psíquicos, por lo que puede imaginar lo que le hace a alguien que probablemente será bastante vulnerable a las emociones, los pensamientos y la energía de los demás. Por eso es mejor que los psíquicos eviten la negatividad.

Un aumento o desarrollo de la psicometría también es común para los nuevos psíquicos. La psicometría es cuando puede sentir la energía o la historia relacionada con un objeto con solo tocarlo. Eventualmente, es posible que incluso tenga premoniciones asociadas con el objeto, pero mientras aún es un principiante, puede notar que puede sentir la energía de un determinado objeto, a menudo no a propósito. Esto es bastante común en las tiendas de antigüedades. Restregarse contra un espejo plateado viejo, un relicario, un artículo de joyería o cualquier tipo de reliquia antigua puede traerle una extraña sensación de anhelo aparentemente sin razón, pero esto puede deberse a la historia del artículo o al propietario del artículo. Tal vez el artículo les fue entregado por el amor de su vida que luego murió o lo abandonó o que tal vez se les prohibió ver. Esto explicaría la sensación de anhelo asociada con el objeto. Por lo general, ocurre con objetos más antiguos u objetos que han pasado por mucho, y cuyos propietarios actuales o anteriores han pasado por mucho también. Pueden ser prendas de vestir, joyas, arte, muebles, incluso cuando ingresan a una casa, muchos psíquicos pueden sentir la energía relacionada con ella y su historia/viejos propietarios. Si se va a mudar pronto y va a mirar una casa abierta, para tener una idea de si la casa es adecuada para usted, también usted toma en cuenta la energía del lugar. Pase sus manos por las paredes, mostradores y muebles en cada habitación. Esto debería darle una buena indicación de si hay un exceso de energía negativa o no, o si usted/la persona con quien se está mudando y la casa serán un buen ajuste energético. A menudo oirá que el cabello de la gente se pone de punta y tiene una sensación de energía maligna o negativa cuando entra en una casa, y luego descubre que en algún momento ocurrió un asesinato o algún otro evento horrible. Esto se debe a que están recogiendo la energía del espacio a través de la psicometría. Las personas con intuición y habilidades psíquicas más desarrolladas son más propensas a recoger energía, por lo que, si empieza a sentir cosas como estas cuando las toca, es una buena señal de que está en el camino correcto.

Cuatro tipos de intuición psíquica

Ahora que estamos hablando sobre cómo se siente su intuición psíquica y algunos signos de que sus poderes se están desarrollando, echemos un vistazo a los diferentes tipos de intuición psíquica y definámoslos:

- Clariaudiencia
- Clarividencia
- Clarisintiencia
- Clariconocimiento

Es posible que no haya escuchado estos términos antes, así que aquí hay una breve descripción de cada uno.

Clariaudiencia es cuando suena como si alguien estuviera hablando directamente en su mente. No de la misma manera que las personas con ciertas enfermedades mentales, esta es más bien una respuesta corta a una pregunta o consejo, y no debe sonar o sentirse áspero o discordante. La palabra "clari" significa claro, y "audiencia" proviene de "audire", que significa escuchar, por lo que usted está "oyendo" estos mensajes psíquicamente, aunque generalmente está dentro de la mente. Puede sonar similar a cuando interpreta una conversación mentalmente, o similar a cómo escucha a las personas hablar en sueños. Estos sonidos y mensajes pueden provenir de sus guías espirituales o del espíritu de alguien en su vida que haya muerto. Si alguna vez ha visto a alguien ir a un médium psíquico (capítulo 9) en la televisión, o tal vez ha acompañado a alguien una vez, para tratar de contactar a un ser querido muerto, y el médium le preguntará el significado de cierta frase o sonido, es probable que los reciban estos a través de la clariaudiencia.

Clarividencia es cuando ve imágenes en su tercer ojo que sostienen un significado psíquico. "videncia" significa visión, visión muy clara. La próxima vez que una imagen salte en su mente, aparentemente de la nada, intente analizarla. Puede tener un significado simbólico (o muy literal) sobre algo que se avecina en su vida, o puede explicar algo sobre lo que ha estado pensando o preocupándose. La clarividencia no será un destello muy específico hacia el futuro en el que puede ver exactamente un evento que sucederá como una película en su mente, como la forma en que lo muestran en los programas de televisión. Será una imagen sutil o "visión" en su tercer ojo. ¡Es posible que haya tenido mensajes clarividentes en el pasado sin darse cuenta! Algunos ejemplos de lo que se clasifica como un mensaje clarividente pueden ser colores, números o letras, palabras, imágenes o retratos de personas, objetos, animales, lugares o cualquier cosa simbólica.

Clarisintiencia (sentimiento claro) es probablemente el más común de los cuatro. Es cuando siente que algo va a pasar. Si alguna vez ha escuchado a alguien usar la frase "Simplemente puedo sentirlo" o "esto no se siente bien", esto es clarisintiencia. A la clarisintiencia a menudo se le llama su "intuición" o su instinto. Otro aspecto de la clarisintiencia es poder sentir las emociones de los demás. Tal vez sienta una oleada de tristeza antes de que su amigo entre a una habitación y luego le digan que su madre ha fallecido. Tal vez esté hablando por teléfono con su amigo que tiene una pierna derecha fracturada y siente un breve dolor en la pierna derecha, incluso antes de saber que se la rompieron. Tal vez usted ve a su mascota y de repente estalla en llanto abrumado por la tristeza sin razón aparente, y dentro de una semana, su mascota muere. Estos son ejemplos de la clarisintiencia.

Clariconocimiento (conocimiento claro) es cuando su intuición le ayuda a descubrir algo que su cerebro racional no puede, algo en lo que quizá esté atrapado. Por ejemplo, si está atascado en el tráfico, ¿debería arriesgarse a tomar la próxima salida para salir de ella y tomar el camino alternativo, o terminará tardando más tiempo? Inexplicablemente, decide esperar y el tráfico se ha despejado pronto, y está en camino. Esto es el clariconocimiento. Si alguna vez ha escuchado a alguien decir: "Lo sé" y no tienen pruebas que demuestren su certeza o ninguna forma de saber, pero terminan teniendo razón, eso es el clariconocimiento.

Entonces, ¿cómo puede saber si está teniendo un pensamiento normal o si es un mensaje psíquico? Los mensajes y las premoniciones a menudo pueden ser bastante sutiles, pero la forma de saberlo es si algo (imagen, sonido, sensación, certeza) simplemente aparece en su mente sin ninguna relación con lo que estaba pensando. Este es probablemente un mensaje psíquico y no un pensamiento. Por lo general, estos mensajes psíquicos también son bastante fuertes, no una pequeña idea en el fondo de su mente. Sin embargo, a veces son comunicaciones más silenciosas, por lo que con cualquier cosa que le venga a la mente aparentemente no provocada, siempre es mejor intentar verlo más de cerca y analizarlo, ya que puede tener cierta importancia psíquica.

Con estos cuatro canales de comunicación psíquica, si simplemente analiza con mayor profundidad el siguiente sonido, imagen, sentimiento o pensamiento que brota de su mente de forma espontánea, es posible que encuentre un significado psíquico relevante. El(los) mensaje(s) lo ayudará(n) a obtener información, a recibir comunicaciones del reino de los espíritus (guías espirituales, seres queridos fallecidos, etc.), o a revelarle premoniciones o predicciones que sus otros cinco sentidos no pueden. Es posible que ya haya leído esta lista y se haya centrado en uno de los cuatro con los que se siente más conectado o que cree que uno de ellos definitivamente vendrá de forma más natural que los otros. Tal vez haya usado uno o más de estos en el pasado, ya sea que se haya dado cuenta en ese momento o no. Tal vez ya se haya dado cuenta de que tiene más capacidad para uno que para los demás. Ese es probablemente el canal en el que será más fuerte y el canal en el que recibirá los mensajes más claros y poderosos, al menos por ahora. No quiero decir que no pueda practicar con los otros tipos y fortalecerlos. Hay muchos psíquicos que, por ejemplo, comenzaron naturalmente con talento para la clarividencia y para recibir mensajes de clarividencia, pero a medida que practicaban, gradualmente se hicieron más poderosos y dominaron la clarisintiencia y se convirtió en su canal intuitivo más fuerte. Este es solo un ejemplo, pero es para mostrar que ¡nunca se queda atrapado en una sola situación o conjunto de habilidades con una sola opción! Aunque si desea mantener el que más le guste como el de la habilidad más fuerte, entonces por todos los medios. ¡Recuerde, la habilidad psíquica es como un músculo!

Cada psíquico tiene una forma específica en la que se manifiesta su poder e intuición, y a menudo está relacionado con quiénes son y con qué tipo de persona son. Todos, sin importar su habilidad, tienen una de cuatro personalidades psíquicas. O es un intuitivo espiritual, un intuitivo físico, un intuitivo emocional o un intuitivo mental. Entonces, ¿cómo descubre qué tipo es y si se ajusta a sus habilidades psíquicas? Bueno, cada uno se manifiesta de manera diferente, y hay ciertos rasgos asociados con cada tipo que puede examinar para ayudarse a descubrir cuál le resuena más y cuál se parece más a *usted*. No hay una prueba oficial, pero cada personalidad psíquica se define en los párrafos siguientes y, con suerte, puede tener una idea de cuál es la más adecuada para usted.

Los *intuitivos físicos* son los que tienen vínculos profundos con objetos importantes y, por lo general, la psicometría (sentir cosas tocando objetos físicos) es algo natural para ellos. Son los que tienen más probabilidades de usar objetos como cartas de tarot, bolas de cristal, lectura de palmas o teomancia (lectura de hojas de té) para determinar cosas sobre una persona o el futuro y realizar lecturas psíquicas. Son muy de transmitir cuando se trata de sentir la energía, confiar en la presencia física o mover sus manos cerca de un objeto o persona para tener una idea de las cosas. Esto hace que sean los más propensos a ser atraídos por el arte de la curación psíquica, o los que suelen tener un talento natural para la práctica. A menudo son hogareños y les encanta organizar su hogar, muebles y decoraciones de acuerdo con sus intereses. Su hogar no es simplemente un espacio para que ellos coman y se vayan a dormir por la noche, es su templo y refugio del mundo exterior, y muestra una parte de quienes son.

Pasan una cantidad sólida de tiempo en el hogar y, a menudo, tienen un montón de desorden y baratijas en la casa. También disfrutan mucho pasar tiempo en la naturaleza y conectarse a sí mismos.

Los *intuitivos mentales* son los analistas. Pensarán las cosas repetidamente, volviéndolas una y otra vez en su mente hasta que encuentren una explicación para algo hasta que den un resultado. Siempre se aseguran de tener en cuenta cada pequeño detalle, comprobación y doble control. Nunca quieren perderse nada, y no son grandes tomadores de riesgos, ni tampoco son muy espontáneos. Los intuitivos mentales tienen más probabilidades de ser clarividentes o clariaudientes y recibir mensajes psíquicos a través de imágenes o sonidos en su mente, ya que es donde pasan la mayor parte del tiempo. Tienden a "vivir en su cabeza", por así decirlo, y pueden pasar horas y horas simplemente con la compañía de sus propios pensamientos, solo pensar. Necesitarán la mayor cantidad de información y pedirán el mayor detalle cuando se sienten a leer para alguien. Ellos son quienes usan la lógica a través de algo, la lógica, la razón y la racionalidad son lo que viven. Al trabajar en algo, ya sea que se trate de una tarea psíquica relacionada o no, en general tienen una buena capacidad para concentrarse y mantenerse centrado en lo que están haciendo. También tienden a tener intereses académicos, aunque no siempre es así.

La meditación es realmente importante para los *intuitivos espirituales*. Alinear armoniosamente su energía dentro de sí mismos y con el universo es clave para ellos. Son muy conscientes del desequilibrio espiritual y pueden sentirlo con bastante claridad. Puede hacerlos irritarse y sentirse "desconectados" y discordantes hasta que mediten o encuentren alguna estrategia para el equilibrio interior, la paz y la conexión con la tierra para volver a ponerlos en su lugar. Están menos arraigados en este mundo que los otros tipos y se describirían como el tipo de "tener su cabeza en las nubes", con una tendencia a soñar despierto con bastante frecuencia. Sus mentes vagan constantemente, y pueden tener dificultades para concentrarse en una tarea, incluidas las lecturas psíquicas y/o las conexiones. Son los más conectados con el plano espiritual en la mayoría de los casos, siendo las personas que, incluso con poder psíquico latente, reciben o son visitados por espíritus del reino espiritual, la mayoría de las personas que conocieron que murieron y pasaron por alto. La mediumnidad (capítulo 9) es a menudo algo a lo que los intuitivos espirituales son atraídos. La lectura del aura, la curación por energía, la mediumnidad y la recepción de mensajes psíquicos a través de los sueños son prácticas que, en la mayoría de los casos, son naturales para la intuición espiritual. Tienden a tener sueños bastante vívidos con mensajes subconscientes (capítulo 10). También pueden tener una afinidad para viajar. Sin embargo, deben tener cuidado, ya que son propensos a la adicción y al escapismo. También son los más propensos a adorar alguna forma de deidad o poder superior.

Los *intuitivos emocionales* son los que pueden leer o sentir las emociones de las personas con la mayor facilidad. A veces, esto puede ser una carga para ellos, ya que se sienten bombardeados por los sentimientos de otras personas y solo quieren desconectarse, especialmente para los psíquicos/intuitivos principiantes que aún están pensando cómo apagar y encender los mensajes energéticos de este tipo. Es posible que prefieran grupos pequeños a grupos grandes y realmente disfruten su tiempo a solas por esta razón. Son el introvertido clásico, en parte porque estar solo en casa para ellos funciona como una especie de refugio alejado de las diferentes energías que flotan en el mundo, un lugar donde pueden relajarse y desconectarse, sin absorber los diferentes sentimientos de los extraños en público. Como su nombre indica, ellos mismos también son personas muy emocionales y sensibles. Muchos los describen como empatas, debido a su empatía extremadamente alta y su capacidad para sentir lo que los demás sienten. Más allá de la simpatía, comparten los sentimientos que pueda tener alguien. Estas personas tienen una predisposición natural a la clarisintiencia (sentimiento claro). Su gran empatía y comprensión de las diferentes perspectivas de los demás hace que sean personas que complacen a las personas de corazón. Quieren que todos sean felices y siempre se esfuerzan por ayudar a las personas. Son la personalidad clásica de "hombro para llorar". Sin embargo, es muy importante que no permitan que esta necesidad de ayuda y de complacencia a otros los traspase. Deben vigilar que las personas no intenten aprovecharse de ellas, como suele ocurrir cuando otras personas más negativas sienten que alguien es empático/emocionalmente intuitivo. Las personas negativas, crueles y manipuladoras las agotarán energéticamente si el intuitivo emocional no tiene cuidado. ¡Deben evitar este tipo de persona a toda costa! Es importante que aprendan que necesitan defenderse, decir que no y tomarse un tiempo para sí mismos. Toman decisiones basadas en cómo se sienten en lugar de usar la lógica. Piensan con su corazón, no con su cabeza. Estas personas son narradores naturales, por lo que a menudo los encontrarás en profesiones como escritores, músicos, poetas y artistas. Debido a su naturaleza desinteresada, también los encontrará inclinados a realizar un trabajo de curación psíquica, similar a los intuitivos espirituales.

Con suerte, estas breves descripciones le dieron una idea de lo que podría ser su tipo intuitivo, aunque tenga en cuenta que estos son solo esquemas básicos, estereotipos de las categorías en las que las personas pueden encajar. Si no se ajusta a todas las descripciones enumeradas para cada tipo, está bien; lo más probable es que nadie se ajuste a todos estos rasgos. Solo le dan una idea de cuál puede conectarse y resonar más con usted y describirlo mejor. Puede sentir que uno le representa más que los otros. Es importante que sepa cuál es su tipo intuitivo porque le informa cómo afecta su uso de sus habilidades psíquicas y qué aspectos, técnicas y habilidades le pueden parecer más naturales.

Capítulo 2: Cómo desarrollar sus habilidades psíquicas

Ahora que hemos revisado los cuatro tipos de mensajes psíquicos y es probable que haya encontrado que es más fuerte con uno que con los otros, además de haber descubierto su tipo intuitivo, discutamos cómo practicar y fortalecer estas habilidades.

¡Comience el camino para sentirse empoderado y seguro de sí mismo! Recuerde, incluso los psíquicos más experimentados o naturalmente dotados no iniciaron su viaje con total confianza y poder; tenían que practicar a menudo para aumentar gradualmente sus habilidades. La clave es creer en sí mismo y permanecer relajado. Confíe en su habilidad e intuición, aunque, si lo han educado para ignorarlo, puede parecer una tontería al principio. Siga notando las cosas sutiles que siente. Además, tenga en cuenta que debe mantener las sesiones de práctica relativamente cortas, no más de una hora, ya que las sesiones más largas son innecesariamente consumidoras y agotadoras, y no se puede esperar que mantenga su enfoque tanto tiempo. Una vez que haya perdido su enfoque, concentración y conexión a tierra, cualquier práctica que intente será inefectiva.

Un sentimiento de miedo puede surgir a medida que comienza a tener premoniciones más precisas. Esto es natural: ahora es consciente de un plano de realidad con el que los humanos normalmente no están en sintonía. Parte del desarrollo de sus habilidades y confianza es superar este miedo o inquietud. Si realmente quiere ser más poderoso, el miedo solo se interpondrá en su camino. La renuencia lo impedirá. Es cierto que no todas las predicciones serán positivas. Puede prever el fin de las relaciones o la pérdida de dinero o la muerte, y debe aceptar que todo esto es parte de la vida. También debe estar preparado para las premoniciones negativas.

Otra cosa importante que debe recordar es: no deje que los escépticos lo disuadan. Sabrá que, si ha tenido una experiencia psíquica que, a pesar de que no puede explicarse por la lógica, no se puede negar su verdad. Si hay muchos escépticos lógicos en su vida, pueden burlarse de usted o cuestionarlo, tratando de convencerlo de que es tonto o incluso de que está loco. Es importante mantener la calma y la concentración. No permita que este tipo de personas lo distraigan u obstaculicen sus habilidades. Encontrará gente como ellos en todas partes, así que trate de bloquearlos lo mejor que pueda.

Una gran técnica es escribir posibles mensajes psíquicos. Intente llevar un diario de lo que cree que pueden ser premoniciones clarividentes, auditivas, sintientes o conscientes. Lleve un rastro de estos registros y vea si alguna vez vienen de ellas, si son relevantes en absoluto. Esta es una excelente técnica para principiantes, ya que puede ordenar los fragmentos aleatorios de los mensajes psíquicos reales, y puede comenzar a reconstruir cómo se siente realmente una predicción o premonición. También esto puede ayudarlo a escribir cómo se sintió cerca de cada mensaje potencial.

Esto no se puede reiterar lo suficiente. Practique cada día. Esto puede sonar desalentador, pero si lo sigue haciendo, pronto llegará de forma natural y ni siquiera notará que lo está haciendo. Ahora, si pierde un día o dos o más por cualquier motivo (enfermedad, sensación de agotamiento emocional, etc.), ¡no se preocupe!

Simplemente continúe donde lo dejó y siga probando diferentes técnicas y herramientas. No es algo de lo que preocuparse si no ha practicado en mucho tiempo, no perderá "el don" como lo tenemos todos, al igual que sus músculos no se deteriorarán si no va al gimnasio por un tiempo. Esto es solo para decirle las mejores y más efectivas formas de desarrollar el poder de su don.

Otra herramienta altamente efectiva es la meditación. Lo analizaremos más a fondo en el capítulo 6, pero lo abordaremos ahora, ya que es una de las herramientas y técnicas principales para desarrollar su intuición psíquica.

Si practica diariamente, intente incorporar sesiones de meditación de diez a veinte minutos en su rutina diaria antes de intentar interpretar algo. Esto eliminará cualquier bloqueo emocional, pensamientos, preocupaciones o distracciones que pueda tener relevantes para la práctica psíquica o sobre su vida diaria. También lo conecta con un plano superior donde residen su guía(s) espiritual(es) y su energía psíquica. Conectarse con su(s) guía(s) espiritual(es) durante la meditación también le servirá para responder cualquier pregunta que pueda tener, ya que le ayudarán. La meditación vacía la mente para ayudarlo a enfocarse en la tarea espiritual en cuestión. Para obtener más información sobre meditación, técnicas de meditación y guías espirituales, consulte el capítulo 6.

La psicometría es también una técnica muy fácil de probar. La palabra puede sonar complicada, pero todo lo que significa es leer la energía de un objeto. Simplemente levante algo que tenga algún significado que usted sepa, como una reliquia familiar para comenzar, y céntrese en la energía que proviene de ella. Despeje su mente y mire lo que surge. No fuerce ninguna imagen, simplemente déjelas fluir. Una vez que haya practicado así unas cuantas veces, intente hacer la transición a un objeto del que no conoce la historia y el significado. Vaya a una tienda de artículos de segunda mano y compre un adorno de plata viejo o un artículo de joyería. O puede pedirle a un amigo que le preste un artículo importante de ellos o de su familia sin contarle la historia y el significado que hay detrás. De esta manera, es probable que sea más efectivo, ya que puede hacer la lectura frente a su amigo, diciéndoles qué imágenes, palabras o sentimientos surgen, y pueden decirle si tienen alguna relevancia o precisión.

Observe ciertos símbolos que vuelven a aparecer en sus premoniciones. Si ha realizado una investigación preliminar sobre profecías o predicciones, probablemente se haya topado con algún tipo de guía de símbolos; por ejemplo, cosas como rojo significa amor, 13 significa mala suerte, verde significa riqueza, etc. Lo que debe saber es que ¡no hay principios universales! Los símbolos son diferentes para cada uno. Atado a la idea de la revista, está la idea de probar y controlar qué ciertas imágenes, colores o números tienden a simbolizar para usted.

Si es posible, rodéese de personas con ideas afines, como otros psíquicos o personas en el mismo camino espiritual que usted. Si encuentra personas en el mismo nivel vibratorio, su energía aumentará y esto le ayudará a prosperar espiritualmente. Por lo tanto, el crecimiento de su capacidad psíquica. También es bueno tener un refuerzo positivo de sus compañeros. Si no conoce a nadie en su vida con una idea similar de espiritualidad, intente encontrar algo en línea. Los diferentes grupos o foros en las redes sociales pueden ser tan útiles como el asesoramiento y la conversación cara a cara. Incluso puede consultar si hay algún grupo local en el que viva al que pueda unirse y participar. Intente buscar un grupo con una mezcla de psíquicos experimentados y principiantes. De esa manera, puede obtener consejos y hacer preguntas a los miembros más experimentados sin sentirse demasiado intimidado, ya que tiene otros principiantes para practicar y comparar notas. Ya sea en línea o en su vida, es importante contar con el apoyo positivo de personas afines.

Pasar tiempo en la naturaleza también es un calmante para el estrés que le ayuda a abrir su mente. Todo esto puede sonar como consejos básicos de vida que no tienen mucho que ver con los poderes psíquicos, pero es imposible crecer como psíquico si está estresado y bloqueado emocional/energéticamente. La naturaleza es nuestra raíz. La naturaleza estuvo aquí antes que nosotros, y permanecerá aquí mucho después de nosotros desaparecer. Camine y dese cuenta de que, a pesar de todas sus preocupaciones, los árboles se mantendrán firmes. El viento todavía soplará. El mundo no se detendrá. Sumérjase en la paz y la antigua energía de la naturaleza y deje que esa energía calme y vacíe su mente. Como se mencionó ya, una mente vacía es la mejor manera de comenzar una lectura psíquica.

Haga preguntas del universo con frecuencia. Si está caminando por la acera y se está preguntando si debería cambiar de carrera, o se está relajando en el baño, y se está preguntando si su relación está funcionando. No importa dónde se encuentre y qué se esté preguntando, intente tomar conciencia de esto y pedir conscientemente al universo un consejo. Sáquelo del estado pensativo y pregúntele a propósito al universo, ¿qué hago? ¿Cómo puedo resolver esto? Sea especifico. Es posible que no obtenga una respuesta inmediata, pero si espera, un día, una semana, quizás unas pocas semanas, la respuesta probablemente aparecerá ante usted. Solo necesita preguntar.

Si ha estado probando estas técnicas y siente que está atascado con lo que debe hacer a continuación, simplemente repita, repita, repita, practique, practique y practique. El camino hacia el desarrollo de sus poderes psíquicos es diferente para todos, pero el principio universal es mantener la confianza y el enfoque. Si hay una técnica que se siente como que le funciona más a usted que la otra, enfóquese en esa, lo que sea que funcione mejor para hacer crecer sus poderes.

A continuación, discutiremos algunas herramientas importantes que los psíquicos a veces usan: *tarot, adivinación de bola de cristal, quiromancia y lectura de hojas de té*. Estas son todas formas de adivinación, una forma de revelar el futuro. Existen otras herramientas y métodos físicos que los psíquicos pueden usar, pero comencemos con estos cuatro. Es probable que prefiera uno sobre los demás o que un determinado método sea mucho más natural y fácil para usted, proporcionándole lecturas más precisas. No sienta presión para dominar todo esto; son solo métodos posibles que puede usar como psíquico.

Si alguna vez ha oído hablar de cartas del *tarot*, es posible que haya oído que no puede comprar su propio mazo; se le tiene que regalar a usted. Eso es un mito. Puede elegir y comprar su propio mazo, y no cambiará nada. Al elegir un mazo, intente conectarse con él, su energía tiene que hacer clic con la suya. Si la obra de arte realmente se destaca, esto también es una buena señal de que es su mazo. Una vez que haya seleccionado su mazo, no intente hacer ninguna lectura de inmediato. Tiene que "adentrarse" espiritualmente, por así decirlo. Una forma de hacerlo es sacar cada carta una por una y pasarla por humo. Esto limpiará su energía. Luego, barajee a través del mazo y examine cada carta individual, tomando en cuenta cualquier sentimiento que pueda evocar la obra de arte. Salga a caminar con su mazo, duerma con él junto a su almohada. Es importante entrelazar sus energías para que el mazo esté familiarizado con usted y usted con él. Cuando recién empiece, puede hacer lecturas para usted mismo y luego preguntarle a un amigo si puede practicar con ellos. Cuando haga una lectura, puede encontrar una distribución que le guste (por ejemplo, tres cartas: una para el pasado, otra para el presente y otra para el futuro) y mientras baraja/antes de distribuirlas, haga una pregunta a la carta. No puede ser una pregunta de sí o no porque no hay cartas de sí o no. Sin embargo, puede ser tan vago o específico como quiera. Si está realizando una lectura para otra persona, es posible que deseen mantener la privacidad de sus preguntas, pero hágales saber que esto puede dificultar la interpretación del mensaje de las cartas. Si está leyendo para otra persona, coloque la baraja frente a ellos y pídales que la corten en tres pilas, luego elija la carta superior de cada pila (este es un ejemplo de una distribución básica. Si hay otra manera en que usted sienta que quiera que ellos extraigan las cartas, o si quiere usted extraerlas por ellos, entonces hágalo, hay muchas técnicas diferentes). Cuando se voltea cada carta y se muestra la ilustración, verifique si alguna de ellas está al revés (primero decida qué camino será el correcto, hacia usted o hacia ellos). Ahora, no todos siguen esta creencia, pero muchos lectores de tarot leen las cartas al revés de manera diferente a cuando estaban en la posición correcta. Puede leerlas de esta manera o ignorarlo. Su paquete de tarot debería haber venido con un pequeño libro que describa cada carta. Si no, puede salir y comprar un libro de tarot en su tienda esotérica o librería local o buscar en línea. Sin embargo, la descripción es solo la mitad del camino. El siguiente paso es aplicarlo a la pregunta/vida de la persona e interpretarlo según lo que haya preguntado. Si no desean decirle su pregunta, explique el significado de las cartas y dónde se encuentran en la distribución lo mejor que pueda, y verifique con ellos para ver si tiene sentido y es aplicable a su pregunta. Algunas lecturas serán extremadamente obvias en su mensaje, mientras que otras son más crípticas y requieren más análisis e introspección. Para practicar la memorización de significados y descripciones de las cartas, adopte el hábito de extraer una carta cada mañana para ver cómo va a ser su día. Elija su carta y lea la descripción para ello. Muy pronto se familiarizará con las cartas y sus descripciones.

La *adivinación por bola de cristal* es otra herramienta clásica utilizada por los psíquicos. Es un artículo tan famoso que se ha introducido en muchas películas y es un símbolo universal de los psíquicos. Si bien es un símbolo tan famoso, es un arte que es difícil de perfeccionar y lo más probable es que no produzca resultados inmediatos o sólidos. Para empezar, lo mejor es hacer una visión de la bola de cristal en un espacio atmosférico poco iluminado que permita que la mente se relaje y divague. Las bolas de cristal grandes pueden ser bastante caras, pero las pequeñas funcionan igual de bien y son mucho más baratas. Asegúrese de que sea una bola de cristal transparente y que no esté hecha de piedra opaca, y que tenga algún tipo de soporte para ella (la madera, el vidrio o la piedra es preferible al plástico) para que no se caiga rodando de la mesa. Mientras observa su bola de cristal, su atención debe estar en el medio. Intente tener algún tipo de fondo sólido detrás de él para que no confunda la distorsión de ningún objeto o luz con las imágenes. Debería sentirse como al entrar en un estado casi similar a un trance, y puede que la bola empiece a tardar unos minutos en revelarle las cosas. Recuerde, la relajación es la clave. Encienda incienso o difunda aceites esenciales y reproduzca música instrumental calmante si cree que esto le ayudará a llegar al estado adecuado en el que se revelarán los secretos de la bola. Tómese un momento para tranquilizar su mente antes de comenzar. Aclare cualquier esperanza o expectativa de lo que cree que va a pasar o lo que cree que verá. Otra cosa a considerar antes de comenzar es, como con su mazo de tarot, pasar un tiempo familiarizándose con su bola de cristal. Sosténgala, manténgala cerca de usted, construya esa conexión. Ahora que está listo, su mente en calma, su atmósfera establecida, puede comenzar a mirar. Asegúrese de que la posición en la que esté sentado para mirar sea cómoda durante un período prolongado de tiempo, ya que puede tardar un tiempo en que se revelen los mensajes, o si es su primera vez, puede no ocurrir en absoluto, y tendrá que permanecer en una posición por un tiempo para mantener su enfoque. Mientras mira, visualice que su mente esté tan clara como la bola de cristal. Sabrá que un mensaje entrará cuando empiece a aparecer una niebla. Cuando esto sucede, no cambie, ni física ni mentalmente. Trate de mantener el enfoque y mantener la conexión. Permanezca tranquilo y quieto. Se sentirá y su mente se verá atraída hacia la bola de cristal, la bola y usted son uno. Las imágenes aparecerán, pero no las interprete todavía. Solo tómelas, absórbalas una por una a medida que aparezcan, hasta que empiecen a desvanecerse. Esto es cuando puede romper su enfoque. Ahora puede reflexionar sobre todo lo que vio. Interprete las imágenes como lo haría con un mensaje clarividente o un sueño (vea el capítulo 10). ¿Qué simbolizaban? ¿Qué estaban tratando de decirle a usted (o a la persona para la que está leyendo) sobre alguien, algo o algún problema que ocurra en su vida? ¿Cómo se representó esto? Si lleva un diario de sus prácticas y experiencias psíquicas, anote cada imagen que se le reveló durante su vistazo de la bola de cristal con el mayor detalle posible para que no se le olvide y pueda volver a ellas más tarde y analizarlo. Recuerde, la primera vez o incluso las primeras veces puede que no vea nada. Mirar a la bola de cristal es un arte muy difícil de practicar y perfeccionar, así que siga intentándolo y haga todo lo posible por no sentirse desanimado.

La *quiromancia* (o quirología) es otro símbolo famoso de la práctica psíquica y otra herramienta útil que muchos psíquicos usan para realizar lecturas. Es mucho más fácil de dominar que una bola de cristal y es más barato que comprar una bola de cristal o un mazo de tarot. Todo lo que necesita es una persona que esté dispuesta a permitirle tomar sus manos por un corto período de tiempo, y eso no cuesta nada de dinero. Puede que incluso haya visto su tienda psíquica local adornada con el letrero de neón de una mano con todas las líneas utilizadas por los lectores de palmas para hablarle de su vida. Cada línea representa algo diferente acerca de una persona. Hay la línea de vida, el semicírculo que comienza desde la mitad de su mano y se curva alrededor de su pulgar. La línea de la cabeza y la línea del corazón, que son paralelas entre sí (la línea de la cabeza es la más baja, la línea del corazón más alta, más cerca de los dedos). También está la línea de destino que atraviesa el corazón y la línea de la cabeza, pero no todas las personas tienen una línea de destino. Estas son solo algunas de las líneas más básicas que puede interpretar de la mano de alguien. La línea de vida representa salud, lesiones, eventos importantes de la vida y bienestar. La línea de la cabeza representa cómo alguien piensa y se comunica, qué tan creativo o intelectual es alguien, y cómo aprende alguien. La línea del corazón representa la emoción, el romance, las relaciones, la salud mental y la salud del corazón. La línea del destino muestra qué parte de la vida de una persona estará controlada por el "destino" o por fuerzas fuera de su control. Mire su propia mano y vea si puede señalar cada línea. La forma en que se leen se basa en cómo aparece la línea en la mano. Las líneas más largas y curvilíneas significan más emocionales y creativas, mientras que las líneas más rectas y cortas muestran un buen manejo de las emociones y una disposición lógica. Las líneas de ruptura, especialmente la línea de vida y destino, indican cambios importantes en la vida. Hay muchos libros y sitios web en línea donde puede leer cómo diferentes líneas parecen significar cosas diferentes, pero aquí hay algunos ejemplos:

- *Línea de la Vida*: Cuanto más cerca esté su línea de vida de su pulgar, más cansada y con poca energía tiende a estar. Cuanto más profunda y larga sea la línea de vida, más vivacidad tiene alguien. Cuanto más corta y superficial sea, más débil será la voluntad del individuo. Si su línea de vida es recta y no se curva mucho hacia la base del pulgar, es probable que tenga cuidado cuando se trata de romance. Un círculo o una isla en su línea de vida puede indicar una lesión.
- *Línea de la Cabeza*: Si es corta, la persona tiene más capacidad física que capacidad mental. Si está separada de la línea de la vida, hay un amor presente en la aventura. Una línea de cabeza curva indica un individuo creativo. Una línea de cabeza ondulada revela un lapso de atención corto. Si la línea es profunda y larga, el individuo es un pensador claro y racional. Si es una línea muy recta, es realista. Si alguien tiene un círculo o una cruz en la línea de la cabeza, esto podría ser un signo de trauma emocional. Una línea de cabeza rota podría ser indicativa de pensamiento disperso.
- *Línea del Corazón*: Si la línea del corazón se detiene (o comienza dependiendo de la forma en que lo lea) debajo del dedo índice, la persona está feliz con su vida amorosa. Si se detiene debajo del dedo medio, el individuo es egoísta cuando se trata de amor y romance. Si se detiene en el medio de la mano, es probable que el individuo no tenga problemas para enamorarse. Si la línea es muy corta y recta, el sujeto probablemente no tenga interés en el romance. Si la línea del corazón toca la línea de vida, tiene líneas más pequeñas que la cruzan o se rompe, todos estos pueden ser signos de angustia. Si hay un círculo o una isla en él, esto puede revelar depresión o un período de tristeza. Si es una línea larga y curva, el individuo es emocional, pero si es muy recto y corre bastante paralelo a la línea de la cabeza, pueden mantener sus emociones bajo control fácilmente. Si es una línea ondulada,

lo más probable es que tengan problemas de compromiso y probablemente hayan tenido muchas parejas románticas.

- *Línea del Destino*: Cuanto más profunda es la línea, mayor es el control de la persona por el "destino" y/o las fuerzas externas, mientras que cuanto más débil es, más control tiene el individuo sobre su propia vida. Si hay muchas interrupciones en la línea del destino, esto muestra la vida con muchos cambios. Si está unido a la línea de vida en la parte inferior, esto muestra a alguien que tiene mucha ambición y está hecho por sí mismo. Si se une a la línea de vida en el medio, esto muestra a un individuo que tiene o dejará de lado sus propios intereses por los de alguien más. Si atraviesa la línea de vida, esta persona tendrá una gran red de apoyo durante toda su vida.

También hay una diferencia entre la mano que lee. Su mano dominante será su mano pasada y presente, revelando todo con lo que una persona nació. Su mano no dominante revelará todo lo que sucederá en su futuro. Entonces, lo que vea en su mano dominante es algo que ya ha sucedido y le habla de ello, mientras que lo que se revela en su mano no dominante son cosas que aún podrían venir. Para obtener la imagen completa y darle a la persona la mejor lectura que puede proporcionar, es mejor leer ambas manos. Sin embargo, estas predicciones no están escritas en piedra, y puede haber signos en la mano de alguien que revelan la posibilidad de cambiar lo que el futuro traerá, por ejemplo, la línea del destino. El tamaño de la mano también importa. Una persona con manos más pequeñas generalmente puede clasificarse como hacedora, mientras que una persona con manos más grandes es más cerebral y toma menos acción. También puede averiguar cuántos hijos tendrá una persona al alzar su puño. Gírelo para que pueda ver los pliegues que hace su meñique. El número de líneas libres (sin conectar el meñique a la palma) es el número de hijos que tendrá. Sin embargo, esto no funciona con niños adoptados.

La *lectura de la hoja de té* se basa en el simbolismo y en lo que el psíquico interpreta en las imágenes que crean las hojas de té. Esto también se puede hacer con el café molido, pero las hojas de té son la forma más tradicional utilizada. Tendrá que servirse una taza de té de hojas sueltas para esto. Es obvio que una bolsa de té no funciona. Beba la taza de té que ha hecho. Está bien si hay un poco de líquido en la parte inferior, ya que esto ayudará en el próximo paso, que es sostener la taza en su mano un momento, hacer una pregunta (que no sean preguntas sí o no) y dé vueltas a su taza ahora vacía (conserve las hojas de té) en sentido contrario a las agujas del reloj, tres veces. Ahora dé la vuelta al vaso y déjelo por un momento para que el exceso de líquido se salga. Gírelo nuevamente hacia arriba y eche un vistazo a lo que ve. Tenga en cuenta todo lo que se le presente de inmediato o el sentido que tenga de su primer vistazo. Si nada le salta y todo parece muy confuso y no tiene sentido, también está bien, no deje que esto lo desanime. Puede mirar la taza desde diferentes ángulos para ver si algo cambia o se ve diferente. Tómese su tiempo y examine todas las formas y grupos de manera lenta y reflexiva. Mantenga su mente clara y tranquila mientras lee y concéntrese en cómo las cosas que está viendo podrían relacionarse con la pregunta que ha formulado. No trate de forzar un mensaje. Los símbolos comunes que puede ver son cruces, estrellas, letras o números, anclas o formaciones naturales, como árboles o flores. No hay una manera universal de interpretar estos símbolos, pero aquí hay una lista de algunos de los símbolos más comunes y posibles interpretaciones o significados:

- *Escalera*: Éxito. Generalmente en su vida laboral, pero podría ser cualquier aspecto de su vida. Está "subiendo" la escalera hacia el éxito y el logro.
- *Pistola:* Esto demuestra un deseo de actuar. Algo en su vida le hace sentir frustrado y enojado, y quiere hacer algo al respecto.
- *Serpiente:* Esto predice tiempos difíciles por venir. Posiblemente tenga que ver con su carrera, posiblemente un

cambio de vida en el futuro inmediato. Prepárese para las dificultades.

• *Montañas:* Las montañas por lo general significan un viaje que debe emprender u obstáculos que debe superar en su camino hacia su objetivo.

• *Ángel:* Este es un símbolo de estar en contacto con su lado espiritual. Puede estar entrando en un tiempo de transformación espiritual y paz mental.

• *Bebé:* Este es un símbolo positivo. La interpretación del renacimiento es obvia, así como un cambio en la vida y una buena noticia. También podría estar diciéndole que pronto podría tener una nueva oportunidad.

• *Bellota:* La bellota es otro símbolo común que se ve en la lectura de hojas de té. Es una señal de que su arduo trabajo será recompensado y de que las buenas noticias y las oportunidades están de camino hacia usted.

• *Avión:* Este símbolo le indica que debe salir del estancamiento de su vida si desea tener éxito. También puede haber un viaje inesperado o una decisión sensible al tiempo por delante de usted.

• *Ancla:* Un ancla es una buena señal. Esto demuestra que las relaciones en su vida ya sean amistades, compromisos románticos o lazos familiares, son fuertes y las personas en su vida son leales. Hay mucho amor. También puede ser una señal de que un sueño suyo se hará realidad.

• *Aves(s):* Otro signo positivo, ver aves en las hojas de té generalmente simboliza que las buenas noticias están en camino. Es una premonición de cosas positivas por venir. También alienta la toma de decisiones.

• *Pez:* Ver peces puede significar buena suerte o algo que ver con el extranjero, ya sea que algo/alguien venga a usted o si está viajando al extranjero.

- *Flores:* Otro presagio de buena suerte. Las flores también pueden simbolizar amistades platónicas cercanas si hay muchas de ellas o amor.
- *Corazón:* La felicidad está entrando en su vida. Esto se debe a alguien por quien usted tiene afecto (no necesariamente tiene que ser romántico) o por dinero. O tal vez ¡ambos! Puede soñar, ¿verdad?
- *Gato:* La imagen de un gato puede significar que, falsedad, traición, chismes o crueldad o desagrado pueden estar presentes en su vida. También puede significar desacuerdos con la familia, o problemas relacionados con el dinero.
- *Perro:* Puede fallar en algo que ha estado intentando. La imagen de un perro también puede predecir un final infeliz para un romance o, nuevamente, problemas con el dinero.
- *Triángulo*: Un encuentro inesperado pero bueno o afortunado.
- *Árbol(es)*: Un árbol o árboles es un signo de felicidad. El dinero viene en su camino; será próspero. Es probable que se encuentre sano y capaz, así como feliz.

Recuerde no forzar ninguna imagen que quiera ver en las hojas de té. Permita que se vean naturalmente, no intente ver nada que no esté allí o gire las imágenes para que se ajusten a su fantasía.

La colocación de las hojas de té y dónde terminan en la taza también es importante. Las hojas de té que rodean el borde o el mango están relacionadas con usted (o la persona que recibe la lectura de la hoja de té). También es más probable que sean representativas del presente o del futuro cercano. Lo que sea que esté en el tazón de la taza de té representa cosas que sucederán en un futuro más lejano. Otra interpretación es que cuanto más cerca del mango, más positivo es el mensaje. Mientras más abajo está en el tazón, peor es la noticia. Y generalmente, si está en el tazón, puede significar que esto no ocurrirá al sujeto de la lectura, sino en alguien en su vida, un familiar, un amigo, un amante o incluso un conocido.

Si se siente desanimado y siente que simplemente no está progresando o mejorando, ¡no olvide mirar hacia atrás y ver hasta dónde ha llegado! Es seguro que le hará sentir mejor el ver el progreso que ha hecho, y cuánto más sintonizado está con su intuición. Tal vez se haya adaptado a su tipo intuitivo o haya tenido una premonición que resultó ser cierta. ¡No se compare con los demás! Si son más experimentados que usted o son también principiantes, pero pareciera que están progresando más, recuerde: ¡el camino de todos es diferente y único! Enfóquese en *su* camino y en su progreso.

Capítulo 3: Protección Psíquica

Ahora que está incursionando en el ámbito de los mensajes psíquicos y el plano espiritual, es importante reconocer los riesgos potenciales involucrados y cómo protegerse de ellos. Se está abriendo a si mismo energética y espiritualmente y es vulnerable a las energías negativas. Al igual que usted se evitaría y protegería de personas negativas y desagradables, lugares, objetos, etc., en el ámbito físico, también desea protegerse de estas energías en el ámbito espiritual, y el primer paso para protegerse y sanarse del ataque psíquico es identificar cómo es un ataque psíquico.

Un ataque psíquico se produce cuando alguien envía energía negativa o "espíritus" para aferrarse a usted, lo que significa que es malicioso y perjudicial. Es posible que ni siquiera hayan querido o se hayan dado cuenta de que lo estaban haciendo. Puede que ni siquiera sean intuitivos o psíquicos. Los ataques psíquicos pueden ser deseados por alguien que ni siquiera cree en ellos; pueden simplemente estar lanzando poderosos pensamientos negativos y maldecir su camino. Sin embargo, un ataque psíquico no viene solo de las personas. Cuando medita e invita a los espíritus a su espacio o les pide consejo, debe ser específico en cuanto a quién o qué tipo de espíritu está preguntando, como si dejara su espacio abierto y dejara su pregunta en general, algunos "espíritus" muy oscuros o energías podrían aprovecharse de esto e ingresar a su hogar, causando estragos energéticos en su vida y en sus capacidades psíquicas. Esta energía oscura puede deshacerse de sus habilidades psíquicas, hacer que sufra emocionalmente y provocar el caos en su vida. Cuando es víctima de un ataque psíquico, las cosas simplemente no se sienten bien. Por la razón que sea, esta persona o espíritu quiere o quiso lastimarlo, y necesita saber cómo defenderse en caso de un ataque psíquico.

¿Cómo sabe si es víctima de un ataque psíquico o simplemente está pasando por un momento difícil en la vida? Algunos síntomas de un ataque psíquico pueden incluir: pesadillas, particularmente pesadillas muy vívidas, miedo a una habitación específica en su hogar, sensación de presencia/sensación de ser observado, mala suerte, enfermedad repentina, depresión y/o agotamiento, cosas que se caen en su hogar, aunque nadie las haya tocado, sintiendo como si su energía se hubiera agotado, no pudiera enfocar su poder, sintiendo la piel de gallina o una ráfaga de viento frío proveniente de un lugar desconocido, sintiéndose carente de poder y baja autoestima. Tenga en cuenta que estas no son garantías de que haya sido blanco de un ataque psíquico; muchas de las cosas en la lista pueden ser parte de la vida. Tampoco es una lista completa. Sin embargo, vigile si algunos o todos estos síntomas están ocurriendo en su vida y si estos sentimientos son normales para usted o si aparentemente salen de la nada. Si tiene todos o muchos de estos, es probable que se trate de un ataque psíquico. Si normalmente es alguien con mala suerte y pesadillas, tal vez no haya una fuerza sobrenatural detrás de esto. Si es una persona paranoica que siempre siente que lo están observando, entonces es probable que no haya un enemigo infame detrás de estos sentimientos. Sin embargo, si muchos de estos ocurren juntos y es muy fuera de lo común, no estaría mal comenzar a poner algunas protecciones psíquicas.

La forma más rápida y fácil de repeler la negatividad es a través de la visualización, aunque requiere mucha energía. Hay algunas formas diferentes de visualizar esto. Un ejemplo es: si siente presencias o energía negativa que lo rodean, simplemente cierre los ojos e imagine que está rodeado por una luz blanca cegadora (o un color de su elección que simbolice poder y protección para usted). Respire para aprovechar la energía de esta luz que le rodea, sienta su poder llenando su cuerpo. Y cuando exhale, imagine que la luz se dispara para envolver todo lo que está en su radio en un destello cegador, arrastrando toda negatividad lejos de usted, de modo que, por un momento, toda su visión es blanca. Inhale a medida que la luz se desvanece y está posicionado tranquilamente en su tercer ojo. Repita tantas veces como sea necesario para sentir que la presencia negativa se ha apartado. También puede crear su propia visualización para repeler las fuerzas negativas. Solo recuerde canalizar mucha energía en ello; de lo contrario, no hará mucho más de lo que haría un sueño. No use su propia energía, sino que aproveche la energía del universo para que no se agote a sí mismo.

Si descubre que sus habilidades psíquicas se están volviendo bastante fuertes y está siendo bombardeado en todo momento por la información psíquica del "sexto sentido", una herramienta útil para bloquear la sobrecarga de información es la seda. Trate de usar una bufanda de seda alrededor de la cabeza o sobre sus hombros y el pecho. La seda también ayuda a defender al usuario de ataques psíquicos y bloquea cualquier intento de ataques psíquicos.

El incienso también es una buena manera de defenderse o curarse de un ataque psíquico. El humo del incienso limpia su espacio y expulsa las energías negativas. Intente encender regularmente incienso para mantener su hogar limpio. O, si cree que es víctima de un ataque psíquico, encienda incienso todos los días, especialmente en cualquier habitación en la que sienta una sensación particular de negatividad, maldad o acumulación de energía negativa debido a espíritus/entidades negativas que acampan allí. Siga haciéndolo hasta que sienta decaer estas energías negativas, y usted y su hogar sean restaurados y limpiados espiritualmente. También puede meditar o sentarse frente al incienso para limpiar su espíritu y despejar su mente, pero asegúrese de que haya una ventilación adecuada. De lo contrario, el humo irá directamente a sus pulmones y las entidades negativas no serán expulsadas porque no hay a dónde ir: quedarán en su espacio. Si hace frío, esto no significa que hay que abrir todas las puertas y ventanas, solo tenga un ventilador en marcha o abra una ventana ligeramente hasta que se apague el incienso.

Otra protección que puede usar/llevar consigo son las piedras preciosas. Ciertas piedras preciosas, como la poderosa turmalina negra u obsidiana, tienen propiedades que repelen la negatividad y los ataques psíquicos. Aquí hay una lista de algunas gemas increíbles para prevenir y defenderse contra ataques psíquicos:

- *Ojo de tigre:* El ojo de tigre es una piedra poderosa y efectiva para bloquear ataques psíquicos dirigidos a usted desde otras personas. Repele el mal de ojo y deja a su atacante impotente para hacerle daño.
- *Amatista:* La amatista es una especie de gema para todo propósito, pero es genial para disipar energía negativa, específicamente energías negativas dirigidas a usted en este caso. Los transforma en algo más positivo.
- *Granate:* El elemento de la piedra preciosa de granate es el fuego. Esta piedra quemará y evaporará los espíritus negativos y las energías que intentan ingresar a su hogar. Funciona como un excelente escudo.
- *Lapislázuli:* El lapislázuli fortalecerá su confianza y romperá las inseguridades. Absorbe los espíritus y las energías negativas y luego las filtra, haciéndolas débiles e inofensivas. Ni siquiera se dará cuenta de que alguna vez estuvieron allí.
- *Turmalina negra:* Como se mencionó anteriormente, la turmalina negra es considerada por muchos como la piedra de protección definitiva, especialmente contra los ataques psíquicos. Esta es una buena noticia para usted. Es una piedra de acción rápida que neutralizará y dividirá cualquier energía negativa o entidad que se dirija hacia usted. Ni siquiera lograrán acercarse a usted.

- *Hematitas:* Esta piedra, al igual que el granate, actuará como un escudo contra las presencias y energías negativas que intentan alcanzarle. Es un escudo extremadamente poderoso, y también está asociado con el elemento tierra, por lo que es bueno para la conexión a tierra.
- *Labradorita:* Un escudo contra ataques psíquicos, así como una protección contra cualquier daño o mal deseado que otro le haga.
- *Obsidiana negra:* Esta es una gran piedra si cree que lo está atacando alguien muy poderoso, alguien con un gran poder psíquico que no está seguro de poder igualar. Esta es una gran piedra para destruir sus intentos de un ataque psíquico, y una especie de beneficio adicional es que contrarresta la mala suerte.
- *Peridoto:* Una gran piedra para la protección contra las personas que realmente agotan su energía. Esta piedra es menos para protegerse contra un ataque y más para cuando va a pasar tiempo con alguien que sabe que tiene una energía muy negativa y, por lo general, lo deja sintiéndose con poca energía y agotado después, ya sea si es alguien a quien quiere, tal vez un amigo que sufre de depresión, o un miembro de la familia a quien encuentre manipulador y que nunca tenga una palabra agradable o un jefe que no le dé el respeto que merece como empleado. Quienquiera que sea, esta piedra lo protegerá de sus efectos habituales.
- *El Cuarzo,* como la amatista, es otra piedra de uso muy general. Disuelve la energía negativa y la transforma.
- *Cuarzo ahumado:* El cuarzo ahumado, si desea ser más específico que el cuarzo transparente, es una piedra muy poderosa. Tiene una alta capacidad de protección, además de tener propiedades curativas. También ayuda con la ansiedad, dudas y problemas de autoestima. Aporta claridad mental y da poder a su portador.

- *Turquesa:* Esta piedra es una piedra curativa. Si es víctima de un ataque psíquico, intente usar turquesa en su persona. Lo protegerá y disipará cualquier energía negativa que lo rodea.
- *Sal:* La sal es una herramienta útil para usar cuando se protege contra energías negativas, ya que sus propiedades de absorción de energía son excelentes. Cuando llame a los espíritus de cualquier manera, ya sea que esté haciendo una mediumnidad (capítulo 9), pidiendo consejos a sus espíritus (capítulo 7), o invitando a un espíritu a su espacio o interactuando con los espíritus en general, trate de mantener algo de sal a su alrededor. Podría tener un poco de ella sobre su persona, podría rociarla alrededor de usted o de su habitación (una forma menos confusa de hacerlo es absorbiéndola en agua y rociándola alrededor de usted o su espacio), colocando una pequeña pila en las cuatro esquinas de su casa o habitación, o rociando algunas ventanas y umbrales.

Mantenga estas piedras sobre usted, a su alrededor o en su hogar/espacio en todo momento y es posible que ni siquiera note las presencias, energías o espíritus negativos que intentan dañarlo, y se encontrará felizmente inconsciente de cualquier intento (y frustrado) de ataque psíquico. Solo recuerde: sus piedras están absorbiendo todos estos golpes, por lo que necesitará limpiarlas de vez en cuando. Esto se puede hacer pasándolos sobre incienso, dejándolos a la luz de la luna o la luz del sol (la luz del sol puede desteñir cristales de colores como la amatista, así que no use esta técnica para tales cristales), enterrándolos en la tierra durante un período de tiempo, o dejarlos fuera en la lluvia (nuevamente, verifique que los cristales que deja en la lluvia o el agua no sean solubles en agua). También puede limpiarlos energéticamente y extraer todas las energías acumuladas dentro de ellos. Vea los capítulos 4 y 8 para más información sobre cómo hacerlo. Estas son solo algunas de las formas en que puede limpiar sus cristales: elija el método que desee utilizar o el que le resulte más adecuado.

También puede colgar espejos de sus ventanas o colocar fragmentos de espejos en su césped para reflejar de regreso cualquier daño intencionado al lugar donde se produjo.

Puede pedirles a sus guías espirituales (ver capítulo 7) que le ayuden a defenderse contra los ataques. Asegúrese de no exigir nada de ellos; pregunte amablemente, como pediría ayuda a un mentor. Recuerde, sus guías espirituales lo están cuidando, están de su lado. Si el ataque es poderoso, es posible que necesite el apoyo adicional. Si tiene a alguien en su vida que también tiene habilidades psíquicas, confíe en él, tal vez pueda ofrecerle alguna energía útil para combatir el ataque. La superficie reflectante de los espejos debe estar orientada hacia afuera, lejos de usted. De esta manera, todas las energías y espíritus negativos pueden reflejarse con éxito y rebotar en los espejos.

Los símbolos y sigilos también son excelentes para la protección. Es posible que haya oído hablar de personas que hablan sobre su herradura de la suerte o sus calzoncillos de la suerte o lo que sea. Es posible que haya oído a la gente decir: "No voy a hacer una tarea tan peligrosa sin mi objeto/símbolo de la suerte". Un símbolo de protección puede ser cualquier cosa. Un pentagrama se usa para la protección de muchas personas que siguen creencias paganas. Esta es la estrella de cinco puntas hacia arriba, rodeada por un círculo. Muchas religiones y culturas tienen importantes sigilos de protección. Encuentre un símbolo o cree el suyo, y dibújelo, córtelo, cósalo o haga un trazo con un dedo, o un cristal o una varita de incienso sobre algo. Para protegerse contra los ataques psíquicos, una buena estrategia es coserlo en la almohada porque ahí es donde descansa su cabeza por la noche y su mente, por supuesto, será el objetivo del ataque psíquico. Una vez que haya encontrado su símbolo psíquico, debe cargarlo con energía. Esto significa que va a querer enfocarse en lo que quiere que logre este sigilo y dirigir esta energía y objetivo hacia el sigilo. Enfoque su energía y su deseo por este sigilo mientras lo sostiene en su mano, lo toca o lo traza una y otra vez con su dedo para transmitir físicamente su energía y deseo sobre él. Incluso puede decir en voz alta lo que quiere del símbolo de protección, cuál es su objetivo o propósito y qué debería estar haciendo. Esta es solo otra forma de manifestar su deseo para que lo proteja energéticamente. Sea específico con su tarea para ello también. Asegúrese de incluir que desea que lo proteja de un ataque psíquico, malos deseos para usted, cualquier energía negativa, espíritus, entidades y personas que deseen hacer daño, y para mantener su mente, cuerpo, alma y energía a salvo y asegurar su bienestar. Por supuesto, puede hacer su propio canto o mantra para hablar con él, pero estas son solo sugerencias para incluir algunas cosas.

Si ya ha sido víctima de un ataque psíquico, el siguiente paso es curarse. Algunas técnicas se mencionaron en los párrafos anteriores, pero analicemos lo que hay que hacer para curarse de un ataque psíquico, ya que los efectos pueden ser bastante devastadores.

Es probable que se sienta bastante infringido después de un ataque psíquico, así que intente conectarse a tierra. La meditación, la introspección, los pensamientos positivos y el apoyo de sus seres queridos serán esenciales en un momento como este. No se permita perder el control. Los ejercicios de respiración junto con la meditación ayudarán mucho a mantener claros los canales psíquicos. No sucumba a la energía oscura que le ha sido enviada. Eso es lo que su atacante querría. Si sabe quién es su atacante (o tiene alguna sospecha al menos), puede visualizarlo rodeado de luz y energía positiva. Enviar esta imagen al universo ayudará a manifestar el cierre de los poderes negativos de esta persona y debilitará su determinación de hacer daño y enviar negatividad. Si cree que su atacante es de naturaleza sobrenatural, esta técnica también se aplica a espíritus dañinos y entidades negativas. Si tiene pesadillas, escríbalas y analícelas, puede hacer que parezcan menos fantásticas y aterradoras, y pueden simbolizar y reflejar conflictos, preocupaciones y problemas en su vida de vigilia que deben resolverse. Si está sintiendo una pérdida de energía o depresión repentina, confíe en alguien e intente encontrar las mejores formas que le ayuden a aumentar su energía. Recuerde: esto es un ataque espiritual, así que enfoque su sanación en su espíritu, energía y bienestar emocional.

Puede sentir ansiedad y tensión. Puede ser difícil reconocerlo cuando está justo ahí, pero puede ser reconfortante saber que estas ansiedades y pánicos no están arraigados en nada racional. Este es un síntoma del ataque psíquico y reconocer los síntomas es la mitad de la batalla. Solo saber que su ansiedad, aunque se siente muy real, no es nada de qué preocuparse, no puede detener el sentimiento, pero esperemos que, en el fondo de su mente, haya un ligero alivio al saber que no está arraigado en nada real, no importa lo desagradable que esto se sentirá mientras lo experimenta.

Dese un tiempo. Si es posible, tómese un descanso de cualquier actividad para curarse y recuperarse. No tiene sentido lidiar con todos los problemas de la vida Y con un ataque psíquico, que es cuando está en su nivel más bajo, al mismo tiempo. ¡Esto incluye tomar un descanso de su práctica psíquica! Considérelo un día de enfermedad espiritual.

Trate de no dejarse atrapar por la mentalidad de víctima. Es tan fácil ir por ese camino, pero una vez más, apúntese a sí mismo. Recuérdese que es fuerte. Encuentre una visualización que funcione para usted donde está repeliendo la energía negativa con su fuerza positiva, inhalando y exhalando. Convertirse en una víctima revolcándose en sus síntomas es jugar con lo que su atacante quiere. Se vuelve más débil y susceptible a sus ataques. Si sus síntomas se ponen serios, no los ignore, por supuesto. Cuídese a sí mismo. Pero no deje que lo ahoguen. Encuentre la fuerza dentro de usted, aproveche la energía infinita del universo, construya y sane. No deje que el miedo lo gobierne.

Superar el miedo es más fácil decirlo que hacerlo, por supuesto. El miedo a los ataques psíquicos, el "mal" o las energías y presencias negativas, sentirse abrumado por sus premoniciones o el temor a una predicción de malas noticias son grandes preocupaciones para la mayoría de los psíquicos emergentes. Parte de lo que debe recordar antes de comenzar a superar el miedo es que su guía espiritual y/o su ángel de la guarda están atentos a usted; ellos están cuidando de usted.

Abordar el miedo a los espíritus negativos y los ataques psíquicos es bastante sencillo: si se encuentra en un camino positivo y no se propone perjudicar maliciosamente a los demás, ni a vivir en la negatividad, la negatividad no será atraída hacia usted. Ahora, esto no significa que deba constantemente ponerse en riesgo y dejar que otros lo pisoteen. Si alguien lo ha perjudicado a usted u otro, puede y debe defenderse y defenderlos. Del mismo modo, no habitar en la negatividad no significa no permitirse tener días malos o pensamientos negativos. Simplemente significa rodearse de personas positivas y solidarias, y no dejar que estos momentos bajos de la vida lo depriman y lo empeoren.

Las razones por las que alguien querría enviar un ataque psíquico a su camino son numerosas. Quizás estén celosos de su éxito o relación, o estén enojados con usted por algo, o le tengan miedo, o estén descubriendo y disfrutando de su lado oscuro, etc. Cualquiera sea la razón, reconocer que ha sido atacado por un ataque psíquico es uno de los primeros pasos para curarse. La confusión que siente en torno a los síntomas de su ataque es la mitad de lo que el atacante quiere que sienta, y eso es lo que hace que estos ataques sean más efectivos. Saber que ha sido atacado les quita este poder, y ahora puede hacerse cargo. Ahora, usted está en control.

Sin embargo, el ataque psíquico no es lo único que debe preocupar a los psíquicos. Esto no es para tratar de disuadirlo o alejarlo de seguir el camino psíquico, sino simplemente para hacerlo más consciente de todos los posibles problemas, temores y peligros que pueden surgir en el camino a medida que recorre este trayecto. Es mejor ser consciente de lo que pueda surgir y cómo lidiar con estas cosas, en lugar de estar felizmente en la ignorancia hasta que tenga un encuentro o experiencia negativa, enloquecer y desilusionarse por completo con el camino psíquico.

El miedo de ser abrumado por su don y de ser bombardeado por constantes mensajes psíquicos y premoniciones es común. Los principiantes son particularmente susceptibles a esto, ya que aún no saben cómo controlar su don. Trate de pedirle ayuda al universo con esto. Enfoque su mente y establezca claramente (en su mente) que no desea recibir premoniciones y conocimiento psíquico constantemente. Practique encender y apagar su don con energía, abrirlo y cerrarlo. Cuando quiera comenzar a leer, enfoque su mente y pida que el conocimiento del universo fluya nuevamente. Cierre los ojos, despeje su mente y conecte su energía antes y después de usar sus habilidades. La clave es permanecer relajado y abierto cuando esté listo para recibir de nuevo conocimientos psíquicos, premoniciones y mensajes, y luego permitir que toda la conversación y la distracción en su cerebro vuelvan a aparecer cuando esté listo para apagar su don. Cuanta más experiencia y poder gane, más control tendrá sobre sus habilidades. Solo requiere tiempo.

Algo de lo que muchas personas se olvidan es que las lecturas psíquicas pueden traer malas noticias tanto como buenas. Esto es preocupante para algunos psíquicos que lo encuentran inútil si no hay manera de evitar que esta premonición se haga realidad, o que simplemente no saben cómo hacerlo, y odian decirle a la persona por la que están haciendo una lectura de este inevitable y dañino evento que probablemente les ocurrirá a ellos o a un ser querido, o se manifestará de alguna manera en su vida. Si nunca desea recibir mensajes, predicciones o premoniciones de cosas malas por venir, especialmente si son completamente imprevisibles, puede solicitar que se apaguen. Ya sea mientras medita y se comunica con guías espirituales o cuando enfoca su energía y pide claramente al universo, puede trabajar para cerrar estos canales. Sin embargo, considere antes de hacer esto que tal vez estos mensajes le estén pasando por una razón. Digamos, por ejemplo, que es bastante adepto a predecir muertes que van a ocurrir en un futuro cercano. Tiene la sensación de que alguien morirá pronto. Tal vez tenga una idea de quién o tal vez no (lo cual es aún peor porque entonces realmente no puede hacer nada o incluso advertir a la persona o a sus seres queridos). Ve este poder como inútil, pero quizás la razón por la que lo tiene es que actúa como un puente entre nuestro mundo y el plano espiritual, nuestro mundo y dondequiera que los muertos puedan ir en su viaje. Usted puede ser un gran consuelo para los muertos, ayudándolos en su camino para cruzar hacia la próxima vida. Esto es solo hipotético, pero, sin embargo, su don puede manifestarse, puede tener algún significado o propósito para hacerlo, o para mostrarle/decirle tales cosas. Si esta es una responsabilidad que quiere o no es otra cosa, y recuerde que no está obligado de ninguna manera a asumir ningún tipo de función o camino espiritual.

Ahora sabe un poco sobre los peligros, miedos y obstáculos del trabajo psíquico y algunos consejos y trucos para ayudarle a combatirlos y empoderarse. Con suerte, nada de esto lo ha disuadido de continuar en su camino hacia el poder y la capacidad psíquica. Su potencial para un gran poder está allí, y mientras practica, verá cómo aumenta su confianza y su capacidad para combatir estos miedos, ansiedades y ataques psíquicos de otros. Eventualmente, las personas ni siquiera pensarán en enviar fuerzas negativas o energías a su camino. Manténgase al día con su práctica y siga estas técnicas de protección, y recuerde que el miedo extraño o la fuerza negativa que se filtra en su vida es natural y solo una parte del camino psíquico que tendrá que superar. Solo debe tener confianza en sus habilidades y creer en sí mismo.

Capítulo 4: Sanación clarividente

Si ha decidido despertar y fortalecer sus habilidades psíquicas, probablemente esté en sintonía con su lado compasivo. Si es como la mayoría de los psíquicos y quiere usar su don para ayudar a las personas, puede usar la sanación clarividente, también conocida como sanación psíquica, además de darles lecturas psíquicas. Las personas que desean convertirse en psíquicos o tienen una predisposición natural a la habilidad psíquica son personas compasivas y empáticas por naturaleza, por lo que no es de extrañar que muchos de ellos decidan convertirse en curanderos y ayudar a otros. Esto puede ser algo que desee seguir, o tal vez no, pero de cualquier manera, este capítulo cubrirá los conceptos básicos de la curación psíquica para que pueda comenzar a ayudar a los demás.

Lo que está haciendo cuando está sanando a alguien usando su poder psíquico es enviarles a ellos y a sus cuerpos sus energías curativas. Básicamente, está equilibrando y armonizando las energías de su cuerpo y eliminando los bloqueos para disipar los dolores físicos. Es un sistema de trabajo de energía en el que está enviando energía curativa específica a la persona que la necesita. La clarividencia entra en juego porque las premoniciones clarividentes a menudo ayudan a los psíquicos al mostrarles imágenes del problema que pueden ayudarles a llegar a la solución de cómo curarlos. Los curanderos psíquicos también enviarán a alguien imágenes de curación clarividentes para mostrar a sus "pacientes" tan sanos, felices y mental, física y espiritualmente bien.

Para comenzar a curar a alguien, puede ser útil meditar. Incluso puede ser visitado por la guía espiritual de esa persona (consulte el capítulo 7), que le brinda consejos sobre cuál es el problema y cómo manejarlo. Ya sea que haya recibido una premonición clarividente, o le hayan dicho ellos o su guía espiritual para lo que necesitan una curación específica, concéntrese en su sujeto. Es mejor si la persona que está curando está en la habitación con usted, especialmente cuando está comenzando este viaje de curación. Despeje su mente de cualquier cosa, excepto de lo que está tratando de curar. Con cada inhalación, está extrayendo la insalubridad del cuerpo de esa persona, con cada exhalación, la está liberando en el universo para transformarla en algo positivo. Aproveche la energía universal como una fuente de energía para ayudar a sanar a esta persona, ya que este puede ser un proceso muy agotador de energía si trabaja sin ayuda. Visualice imágenes de salud. Imagine que son la imagen de una salud perfecta, desde la cabeza hasta los dedos de los pies. Comience desde la cabeza, imaginándolos sonriendo y relajados, respirando naturalmente, con un brillo que irradia de ellos. Avance lentamente por el cuerpo representando cada parte del cuerpo en perfectas condiciones de trabajo, incluso si esa parte ya está saludable. El cuerpo debe funcionar como un todo: brazos fuertes, palpitaciones firmes, piel suave y piernas firmes que pueden llevarlos tan lejos como sea necesario en la vida. Siga imaginando cada parte hasta los pies. Imagine el área que los está molestando como una mancha oscura en su cuerpo. Disuélvalo con su energía, observe cómo se disuelve y desaparece con luz pura, dejando un resplandor blanco radiante detrás. Luego, libere y envíe esta imagen de salud a través de la energía y la clarividencia a la persona que está curando. Es posible que no puedan verlos conscientemente, pero la energía y el enfoque que ponen en ellos de salud se fusionarán con su energía y su mente, mostrando a su subconsciente hacia lo que están trabajando. Esto se mostrará a sí mismo como usted también lo ha enviado al universo.

Se ha teorizado que las dolencias físicas pueden atribuirse a la agitación mental. Por supuesto, si un factor externo tiene participación en las cosas, entonces este no sería el caso. Por ejemplo, una pierna rota no se debe a la depresión; se debe a que su sujeto tropezó o se cayó y el hueso se rompió. Las náuseas de 24 horas directamente después de comer en un restaurante de dos estrellas probablemente no se deban a una batalla interna con el estrés por una decisión de trabajo; lo más probable es que se trate de una intoxicación por alimentos y no ocurra nada más profundo en estos casos. Sin embargo, con cosas como los dolores de cabeza, la rigidez articular, el dolor muscular, los problemas intestinales, las náuseas frecuentes, etc., siempre vale la pena examinar el estado mental de una persona. ¿Hay mucha emoción reprimida acumulada? ¿Depresión? ¿Preocupaciones y ansiedades? ¿Estrés debido a problemas cotidianos o grandes decisiones y eventos que se avecinan en la vida de una persona? Todos estos pueden mostrarse en formas físicas como dolencias persistentes en el cuerpo que simplemente no desaparecen. Por lo general, un cierto punto de dolor físico es indicativo de bloqueo de energía. Entonces, recuerde que cuando está sanando, no solo está sanando el cuerpo; también está sanando la mente. Siempre vale la pena considerar el estado mental.

No hay ninguna persona viva que no haya sufrido nada y no tenga problemas emocionales que causen obstáculos en su vida. Cada persona ha pasado por momentos difíciles, aunque algunos más que otros, pero no invalida los efectos duraderos que puede tener en la mente. Cuando realice la curación mental, tenga en cuenta que todos han pasado por diferentes cosas y están lidiando con cosas diferentes en su vida actual, así que no trate a todas las sesiones de curación de la misma manera, como no curaría un dolor de cabeza de la misma manera que a una irritación en el estómago. Pídale a la persona que está curando que mire en su mente. ¿Cuál es o ha sido su estado mental recientemente? Si no quieren decírselo, entonces está bien, solo permítales que lo reconozcan y sean conscientes de todo lo que surja y sientan su energía. A medida que esto ocurre, puede comenzar a percibir un cambio en la energía. El trabajo del curandero psíquico es curar aquellas dolencias físicas que tienen un origen emocional o mental. Enfoque sus mensajes de imágenes clarividentes en lo que la persona está sintiendo ahora. ¿Sintió tristeza o depresión? Envíeles visualizaciones de ellos felices y rodeados por un cálido resplandor, tal vez corriendo por un campo de flores amarillas. ¿Se dio cuenta de la ansiedad o las preocupaciones? Imagínelos completamente en paz, ojos cerrados, cara y cuerpo relajados, respirando en calma. Tal vez estén en una cabaña de montaña con una taza de té, nada más que naturaleza a su alrededor. ¿Tensión y estrés? Imagínelos pasando por su agitada rutina diaria con un poco de facilidad, el caos de sus deberes no los está suprimiendo. Se ríen y sonríen y casi se deslizan o flotan a medida que pasan el día, ligeros como el aire. Estas imágenes clarividentes ayudarán a su subconsciente a liberar y soltar las tensiones que las han agobiado y, por lo tanto, ayudarán con los síntomas físicos que estén experimentando.

Cuando haya terminado una sesión de curación, pregúntele a la persona que curó cómo se sintió después. ¿Se sentían relajados? ¿Les vino una paz mental? ¿Alguna sensación corporal? ¿Surgió alguna emoción para ellos? ¿Qué hay de los niveles de energía? ¿Sienten que tienen más energía, menos energía o igual? Obtenga comentarios de esta persona y haga un seguimiento unos días después de la sesión para ver si se han producido mejoras o si se han mantenido. Si estaba tratando una dolencia física específica, pregunte cómo se sintió inmediatamente después de la sesión y luego haga un seguimiento unos días más tarde para ver si su curación tuvo algún efecto en ella, si hubo alguna mejoría y si duró. Recuerde, puede que no tenga un gran efecto de inmediato. Y si alguien mejora, pero no tiene duración, recuerde que puede llevar algunas sesiones; por lo general, no se puede hacer en una sola.

Cuando esté sanando psíquicamente a alguien, tenga en cuenta que puede llevar varias sesiones, especialmente si es algo más serio. Sin embargo, como principiante, es mejor si trabaja con enfermedades menos graves para practicar. También debe tener en cuenta que la persona a la que está curando debe querer ser sanada para que su energía tenga un efecto. Incluso pueden decir que quieren ser curados, pero en el fondo, no quieren serlo, o son escépticos. Si ese es el caso, entonces serán una lucha para sanar, y puede que no tenga ningún efecto. Solo asegúrese de no acusar a sus primeros "pacientes" de no querer ser curados porque esto puede deberse a su estado de principiante y poderes inexpertos en lugar de a su incredulidad o falta de voluntad subconsciente.

También puede curar a alguien que no está cerca de usted. De hecho, podrían estar bastante lejos. Esto es descrito por muchos como rezar. Lo que está haciendo es lo mismo que si la persona estuviera en la habitación con usted; les está enviando energía e imágenes clarividentes para que sanen. Intente curar a distancia una vez que haya practicado y aumente su poder sanando a alguien que se encuentre cerca de usted. Ya que no estarán físicamente con usted y no puede sentir su energía presente, tendrá que visualizarlos más vívidamente y con más fuerza. Imagine cada detalle de ellos, y realmente ponga mucha profundidad, detalle y enfoque en la imagen de ellos como sanos y curados. La visualización es la clave para la curación a distancia, ya que no tiene la energía para trabajar. Incluso puede decir lo que quiera para ellos en voz alta. La energía de sus palabras se liberará en el universo y se solidificará, manifestando estos resultados de salud para su amigo o persona a quien está tratando de curar. Recuerde: cuando se trata de sanación psíquica, si solo depende de sus propias reservas de energía, se agotará rápidamente. Aproveche la energía del universo; será una fuente de ayuda inestimable durante su sesión de curación.

Si quiere un sujeto de prueba que no exija resultados y no se queje o sea escéptico, pruebe con su mascota. Tal vez no necesiten sanación, pero intente sentir su energía y, a través de la meditación, concéntrese en su mascota y específicamente en la salud de su mascota y vea si aparecen mensajes clarividentes. De lo contrario, sigue siendo una buena forma de practicar la sensación de la energía y el estado emocional de otra persona, ya que los animales sienten las cosas como nosotros.

Con suerte, este capítulo lo ha despertado y le ha abierto los ojos a la fuente de los problemas físicos de muchas personas. Si quiere convertirse en un curandero clarividente o no, no tiene importancia. No todos los psíquicos eligen este camino, aunque pueden incursionar en él. Y elegir este camino no significa renunciar a todos los demás aspectos de la capacidad psíquica. Es solo una habilidad que un psíquico puede desarrollar. Si esto le interesa, practique, practique y practique, y no olvide obtener el permiso de un amigo, compañero o familiar para practicar su sanación con ellos. Probablemente sea mejor practicar con alguien que tenga algún tipo de dolencia física. ¡Feliz sanación!

Una última nota para este capítulo: es extremadamente importante que se dé cuenta de que la curación psíquica no es una cura. Usted NO PUEDE hacer diagnósticos a través de la curación psíquica clarividente. ¡Deje el diagnóstico de pacientes a los profesionales! Es altamente improbable que la curación psíquica cure las dolencias físicas por completo o que se pueda sustituir por medicamentos para enfermedades o dolores, o medicamentos y terapia para alguien con un trastorno mental. Puede aliviar los síntomas, llegar a la raíz de los problemas, hacer que la energía fluya y vuelva a equilibrarse, y elevar la frecuencia energética de alguien, pero no debe usarse en lugar de la medicina moderna o como un reemplazo de esta. Más bien, debe usarse junto con ella y ser un trabajo conjunto.

Capítulo 5: Telepatía

¿Alguna vez ha visto una película donde dos personas se comunican solo con sus mentes o donde alguien lee los pensamientos de otra persona para obtener información? ¿Alguna vez ha deseado poder hacer eso? La telepatía (del griego "tele" que significa "lejos" y "patheia" que significa "ser afectado por") es la comunicación entre mentes, pero como todos los aspectos de la capacidad psíquica, no es exactamente cómo se describe en las películas. Sin embargo, es posible practicar la telepatía en la vida real; es simplemente más sutil. Puede que incluso lo haya hecho sin querer, por ejemplo, si alguna vez ha pensado en alguien o realmente deseado saber de ella, y poco después esa persona lo llama o le envía un mensaje de texto de la nada y de forma imprevista. Esta es una forma de comunicación telepática. Las dos mentes se estaban comunicando sin saberlo, lo que hizo que la persona que lo llamó tomara la decisión de llamar, o tal vez su decisión de llamar sea lo que la trajo a su mente y le hizo pensar en ella. No es casualidad cuando suceden cosas como esta. Siempre hay canales psíquicos operando en situaciones como estas, y como las premoniciones psíquicas, todos tienen la capacidad de usar la telepatía; es solo un área en nuestra mente que debe ejercitarse, pero que la mayoría de nosotros ignoramos o no creemos por la forma en que nos criaron, la sociedad o la religión en la crecimos, etc. A aquellos que han sido educados alentados a expandir la mente y desarrollar habilidades psíquicas y telepáticas les será más fácil con esto, pero eso no significa que aquellos que no lo fueron no puedan tener éxito.

Cuando usa la telepatía, puede que no sea posible mantener una conversación completa con su mejor amigo usando solo su mente, pero puede transmitir imágenes, palabras o sentimientos entre sí. Para comenzar, avísele a su amigo que quiere intentar comunicarse con él/ella telepáticamente. Esto es importante, especialmente cuando está empezando porque ambos necesitarán estar en un estado relajado, enfocado y receptivo. Puede intentar meditar o respirar profundamente antes de prepararse para que su cuerpo y su mente estén relajados. No tienen que estar en la misma habitación o espacio que usted; pueden estar en su casa o incluso en otra ciudad. Cierre los ojos e intente desconectar cualquier ruido de fondo o distracciones, y enfoque sus pensamientos en su amigo. Visualícelos claramente en su tercer ojo: su esencia, su presencia, los detalles de sus características físicas. Una vez que haya consolidado esta visualización de ellos como si estuvieran cerca de usted, visualice la palabra, la imagen o el sentimiento que desea enviarles. Solidifíquelo, hágalo vivo en su tercer ojo. Haga que su mente sea el único enfoque. Ahora visualice a su amigo y visualice la comunicación de esta imagen a su amigo. Imagínelos recibiendo su mensaje. Deben tener su mente abierta y receptiva a su mensaje en este punto, y deben estar visualizándolo a usted en su tercer ojo. Una vez que haya hecho esto, relájese y deje que su mensaje se desplace a la otra persona. Deje que se aleje de su mente. En este momento, puede relajar su energía y concentración. Cuando el ejercicio esté completo, haga un seguimiento con ellos y pregúnteles qué pensaron o vieron en su mente. Asegúrese de aclarar que no deben forzar ningún mensaje; solo deben dejar que su mente fluya a donde sea y hacer un seguimiento de lo que pueda surgir.

No se desanime si no funciona de inmediato. Llevará práctica y posiblemente muchos intentos. Esta es solo una forma de comenzar a practicar, pero no importa cómo practique o con quién practique, permanezca relajado (tanto física como mentalmente) y mantenga su mente abierta y receptiva para enviar y recibir mensajes.

Es importante estar en un ambiente que sea totalmente cómodo, familiar y relajante para usted, para evitar el riesgo de distracción o de que su atención se vea interrumpida por ruidos extraños, personas, olores, etc. Cuando recién comienza su viaje de telepatía, y acaba de comenzar a practicar, el mejor lugar para empezar es en su propia casa, tal vez su habitación o una habitación que encuentre especialmente relajante. Si su casa es agitada y caótica o simplemente no puede sentirse relajado allí, pruebe en su patio o en un parque tranquilo en un entorno natural. La naturaleza puede ayudarlo a conectarse con la tierra y energizar sus poderes. Mientras sea un lugar en el que pueda desconectarse de manera efectiva, debería funcionar.

El otro aspecto comúnmente conocido de la telepatía es leer las mentes de los demás. La telepatía es más difícil de practicar con extraños, así que, una vez más, practique primero con alguien con quien esté cerca: un amigo, familiar o compañero dispuesto. Cuando intente leer su mente, asegúrese de pedir permiso. La lectura de la mente no le revelará detalladamente lo que están pensando, pero le dará una idea vaga, un sentido, o tal vez una palabra o imagen relacionada con lo que están pensando. De nuevo, al igual que con la comunicación telepática, desea estar en un entorno que lo relaje. Cierre los ojos, sintonice todo y concentre su energía en la persona cuya mente está tratando de leer. Haga que la otra persona se imagine algo simple como un plátano, y realmente se centre en ello. Obviamente, no pueden decirle lo que están pensando. Una vez que confirmen que han consolidado su imagen, visualícela, intente conectarse con su energía y deje que su mente fluya. No necesariamente tienen que conectarse con usted o estar en el mismo nivel de energía para esta práctica porque, a diferencia de si compartieran su imagen con usted a través de la comunicación telepática, la lectura de la mente es más en sentido único/trabajo individual. Tome nota de todas las cosas que fluyeron con facilidad, no de forma forzada, a través de su mente y consulte con ellos para ver si está en lo cierto. Digamos, por ejemplo, que vio el color amarillo, o que olía a pan de plátano, o se sentía asqueado (tal vez odian los plátanos). No se desanime si no obtiene nada las primeras veces que intenta esto.

Una forma adicional de practicar con alguien que conozca es prepararse adecuadamente, pero luego hacer una pregunta en voz alta. Dígales que no la contesten, sino que piensen y procesen cómo se sienten y qué responderían. No puede ser una pregunta que sepa o de la que sospeche la respuesta. Inmediatamente después de que lo pregunte, es probable que tengan una reacción y/o pensamiento inmediato, por lo que, suponiendo que esté relajado y su mente esté receptiva, vea lo que entra en su mente inmediatamente después de hacer la pregunta. Verifique con ellos para ver si captó con precisión algo.

Una vez que haya progresado a partir de estos ejercicios y piense que está listo para un desafío, intente leer la próxima vez que esté en el transporte público o en una multitud en algún lugar. Haga esto tan discretamente como pueda. Si siente que la energía de alguien realmente lo está bloqueando y no quiere dejar entrar a nadie, estos quieren su privacidad. Déjelos en paz y pruebe con alguien que sea más receptivo. Algo de lo que los lectores de la mente se dan cuenta al leer las mentes son de las emociones de las personas. Probablemente la forma más fácil de acceder es mediante el uso de la telepatía, y es probable que haya leído telepáticamente las emociones de las personas antes sin siquiera saberlo. Es importante distinguir el lenguaje corporal y las señales faciales que le brindan información sobre alguien y la telepatía que brinda esa información. Para mantenerse imparcial y asegurarse de que la telepatía sea su única fuente de información, trate de concentrarse en la energía de alguien en lugar de mirarla/su apariencia. Puede concentrarse en alguien, tratar de captar algo de ellos y sentir una oleada de preocupación que lo invade. Incluso puede descubrir la razón por la que están preocupados, aunque quizás en un sentido vago, y puede que se necesite más experiencia para concretar esto.

En cierto modo, la lectura de la mente es similar a la psicometría, que tratamos en el capítulo 2. Usted está tratando de aprender cosas de una persona: pensamientos, emociones, imágenes, etc. Excepto que puede obtener una lectura de ellos sin realmente tocarlos, lo que sería especialmente extraño al practicar con una multitud de desconocidos en público.

Lo que es importante recordar con la telepatía es que la paciencia es clave. No se va a hacer instantáneamente de la noche a la mañana; de hecho, puede llevar bastante tiempo antes de que efectivamente lo domine, así que no sea duro consigo mismo si no encuentra que tiene éxito de inmediato. También puede sentirse agotado energéticamente después de una sesión. No extienda su práctica por mucho tiempo, ya que la telepatía realmente funciona en su cerebro y puede agotarlo. Si no se está enviando un mensaje, solo tiene que intentarlo de nuevo otro día. No agoten su poder mental. Y recuerde: cuando practique comunicación telepática o lectura mental, no mire directamente a la cara de esa persona (si es posible), ya que los rasgos y movimientos faciales pueden nublar su juicio, enfoque mental y forzar la lectura o interpretación. Trate de hacerlo lo mejor posible usando solo su mente, así que, si lo hace bien, puede estar seguro de que fue telepatía, y no hubo sesgos involucrados.

Capítulo 6: Meditación Guiada

Como se mencionó en los capítulos anteriores, la meditación es una herramienta invaluable para prepararse a usar o mejorar sus habilidades psíquicas y para ayudar a practicar y desarrollar su don. Lo que hace es despejar la mente y relajar el cuerpo, poniéndolo en un estado de calma que hace que sea más fácil concentrarse en sus habilidades espirituales y en la tarea que se ha propuesto para usted. Puede meditar incluso si no planea usar su poder o practicar, también puede ser una rutina diaria o un hábito que despeja la mente de las preocupaciones y mejora su calidad de vida. Cualquiera que sea la razón, echemos un vistazo a algunos de los métodos más efectivos de meditación y sus usos en los siguientes párrafos, y luego nos adentraremos en el tema de la meditación guiada.

La meditación es una manera de calmar y despejar su mente de la distracción, el desorden y el parloteo. Se ha utilizado durante miles de años, pero ahora más que nunca es importante. Como nuestra capacidad de atención es más corta y somos bombardeados por información, actividad, luz y color en cada giro y desde cada ángulo, es importante que nuestros cerebros reciban un momento de completa calma y relajación, ahogando el ruido y el caos en nuestras vidas.

Para comenzar la meditación, usted, por supuesto, necesita prepararse para estar cómodo y tranquilo. Esto significa usar ropa cómoda que no se contraiga y encontrar un espacio que sea tranquilo, pacífico y relajante para usted. Puede tocar música de meditación si lo desea, hay muchas opciones en línea y puede encender incienso si cree que le ayudaría. Decida durante cuánto tiempo desea meditar (por lo general, se recomienda una sesión más corta de 15 a 20 minutos para principiantes) y acomódese. Céntrese en sus respiraciones, hacia dentro y hacia fuera. No piense en su respiración ni trate de analizarla; solo deje que su enfoque se aquiete con ella, y nada más. Si algún pensamiento revolotea en su mente, reconózcalo, pero luego déjelo ir. No se quede atascado en ninguna preocupación o plan; simplemente vea el pensamiento, compréndalo y luego déjelo ir, al menos mientras medita. El truco es mantener su mente clara y tranquila sin distracciones mundanas. Es inevitable que su mente divague, especialmente como principiante, pero esto no es un problema, solo asegúrese de dejar ir cada pensamiento y volver a concentrarse en su respiración. Si le ayuda, puede tener un canto o un mantra en su cabeza para ayudarlo a enfocarse en una cosa y acabar con las distracciones mundanas. Repetir una palabra, un mantra o una imagen mental de algo tranquilo lo ayudará a entrar en un estado de trance y llegar al estado deseado de meditación. Si decide enfocarse en una imagen, elija algo simple, algo que lo haga sentir tranquilo y sin emociones. Esto también podría ser una técnica de visualización. Asegúrese de que la posición en la que se encuentre también sea cómoda durante la duración de su meditación, ya que no querrá tener un calambre ni que un miembro se quede dormido. Esta es una guía básica para principiantes para la meditación, en general, para darle algunas bases. Ahora, entraremos en una meditación guiada, cómo hacerla y por qué es beneficiosa.

La meditación guiada específicamente es una de las ramas más recientes de la meditación. Es más o menos explícita. Como el nombre indica, hay alguna forma de guía a lo largo de su meditación. Puede ser una persona en la sala con usted capacitada para guiarlo a través de su experiencia, o una grabación de audio o video, o puede ser un texto escrito. Cualquiera que sea la forma que use, el propósito es seguir las instrucciones y preguntas durante su meditación de manera reflexiva para revelarle algo de conocimiento y elevar su energía. A menudo, se escucha música tranquila y serena de fondo para ayudarlo a entrar en la meditación. Por lo general, la guía usará imágenes detalladas para la mayoría de ellas, y algunas de ellas las decidirá usted. Si alguna vez ha escuchado a alguien decir: "¡Voy a mi lugar feliz!" Y cierra los ojos ante una situación estresante, es probable que hayan creado este lugar feliz en su mente durante una meditación guiada. Un ejemplo de algo que podría escuchar de una meditación guiada es: "Estás en un prado ancho. Mira alrededor. ¿De qué color son las flores? ¿Hay un bosque cerca?" Estos no solo sirven para crear escapadas pacíficas y un refugio de los momentos estresantes de la vida, sino que también se analizan sus elecciones al final de la meditación guiada para revelar algo sobre quién es usted como persona, qué decisión debe hacer sobre algo o comprender su estado emocional actual. Otro aspecto que podría usarse en una meditación guiada es enfocarse en el cuerpo. Es posible que la guía le indique que se centre en las diferentes partes del cuerpo y verifique si están relajadas o no, cómo se sienten y cómo relajarlas si aún no lo están. Pueden preguntarle qué sensaciones siente en su cuerpo y en ubicaciones específicas. Esto ayuda a relajar el yo físico, una parte de la meditación que también es importante. Las meditaciones guiadas pueden ser tan relajantes que, ocasionalmente, las personas pueden quedarse dormidas durante la experiencia. Si desea permanecer despierto durante toda la meditación, intente apoyarse contra algo cómodo en lugar de recostarse sobre su espalda, o si está viendo un video o escuchando una meditación de audio, intente ver las imágenes que usa el video o una presentación de la naturaleza en línea para ver conjuntamente. Solo asegúrese de que no lo distraiga de su enfoque meditativo.

Su subconsciente está a la vanguardia durante estas meditaciones. Es por eso que las elecciones que realiza mientras se encuentra en este estado profundamente relajado se pueden analizar e interpretar para revelar información importante. La guía las ha creado para este fin. Cuanto más avanza en la meditación, más se adentra en este mundo relajado y más seguro se siente. Su mente es abierta y vulnerable en este estado, exactamente como necesita que esté para el trabajo psíquico.

Hay muchas meditaciones guiadas gratuitas en internet; no tiene que ver a un especialista ni abandonar la comodidad de su hogar. A menudo tienen audio con un montaje de paisajes llamativos y fotos de la naturaleza. Puede ver la presentación de diapositivas, o puede recostarse y simplemente escuchar. Muchas personas optan por escuchar y seguir meditaciones guiadas antes de irse a dormir, afirmando que les ayuda a conciliar el sueño fácilmente y lograr un sueño reparador.

También puede unirse a una clase de meditación guiada o hacer sesiones individuales donde un instructor en vivo que está en la sala con usted lo guíe a través de su meditación. Dependiendo de su personalidad, es posible que prefiera uno de estos métodos sobre el otro, pero si no está seguro, puede probar ambos, guía en vivo o instrucción en línea, y ver de qué manera prefiere o se siente más cómodo y relajante para usted. Después de todo, su relajación es el punto central.

No todas las meditaciones guiadas son iguales. Hay muchas formas diferentes, y son útiles por muchas razones diferentes. Algunas pueden usarse para manifestar diferentes cosas como la abundancia y el éxito. Algunas se usan para mejorar y desarrollar relaciones, mejorar el yo y la curación. Las mejores para buscar cuando se trata de ayudar con la capacidad psíquica y el desarrollo son las que trabajan en la paz y la calma interior. Crear una mente tranquila mejorará su enfoque enormemente.

En esta era de la tecnología, es raro encontrar a alguien con un período de atención más prolongado que aproveche la oportunidad para recostarse y, básicamente, no hacer nada. La mayoría de nosotros nos sentiríamos inquietos o aburridos. Esto no es necesariamente algo malo; no hay un nivel correcto o incorrecto de enfoque. Sin embargo, esta es una herramienta que realmente vale la pena para luchar contra eso. Intente meditaciones cortas al principio y trabaje en aumento. Hágalo antes de acostarse cuando no estuviese haciendo nada de todos modos excepto mirando la pared hasta dormirse. Esta es una herramienta que querrá tener en su colección, especialmente como un psíquico emergente con capacidades florecientes que deben afinarse y centrarse.

Descubrirá que, si utiliza meditaciones guiadas, aunque sea de forma un tanto regular, mejorará enormemente sus capacidades espirituales y su bienestar mental y físico se beneficiará de eso. En el mundo acelerado de hoy, es comprensible que no siempre tenga tiempo, paciencia o capacidad de atención para comprometerse a sentarse o acostarse a una meditación guiada. Sin embargo, si solo hace un esfuerzo y lo aprovecha cuando puede, como antes de ir a la cama, no hará nada más que un bien. Una vez que se convierta en un hábito, se volverá más fácil de incorporar a su rutina y muy pronto llegará a ser tan natural como comer tres comidas al día y lavarse los dientes por la mañana. Se sentirá agradecido y aliviado por su nueva quietud interior, y las conversaciones y murmullos habituales de su mente se volverán más moderados (no se eliminarán, eso no es posible), reduciendo también su nivel de estrés general.

Capítulo 7: Conectando con Guías Espirituales

Uno de los aspectos de la meditación y el trabajo espiritual que hemos tratado han sido los guías espirituales y/o los ángeles de la guarda. Los guías espirituales son otra herramienta invaluable para el psíquico, ya sea porque desee meditar para simplemente conectarse a tierra y reponer su energía, obtener más fuerza para usted antes de comenzar una lectura, o si busca ayuda o protección: estas son todas las razones para intentarlo. Conéctese con sus guías espirituales y pídales consejo y fortaleza. Trátelos siempre con respeto al hacer solicitudes o pedir algo de ellos. No exija cosas de ellos, pero no tenga miedo ni se avergüence de pedir ayuda, ya que no podemos hacer todo solos. Trátelos como si fuesen un amigo o mentor.

Los guías espirituales o los ángeles guardianes, cualquiera que sea el nombre que use, el término es claro, no son deidades que debe adorar; son una presencia espiritual que lo cuida y lo guía. No necesita temer una ira piadosa, ¡están de su lado y desean lo mejor para usted!

Hay algunos tipos diferentes de guía espiritual. Su guía puede tomar la forma de un antepasado o un ser querido que haya fallecido del reino físico, pero que continúa vigilándolo. Si son un antepasado, pueden ser personas que murieron antes de que usted naciera, pero hay ciertos signos que surgen de que un familiar que los conoció le dirá que su presencia está cerca. Por ejemplo, si tenía una abuela que amaba las flores y las flores son una presencia constante en su vida, esto puede ser una señal de que este antepasado lo está cuidando. Los guías ancestrales pueden remontarse muchas generaciones. Es posible que no vea la cara de su ancestro cuando se conecta con ellos, pero sentirá su relación y conexión con usted. También podría ser vigilado por un ser querido que murió durante su vida. Lo más probable es que este sea alguien que murió antes en su vida, ya que los guías espirituales tienden a vigilarlo durante toda su vida, pero también podría ser alguien que falleció luego.

Otro tipo común de guía espiritual son los que vienen en forma de animales. Estos se llaman "guías gnimales". Es probable que a lo largo de su vida lo guíen varios guías animales diferentes, cada uno con algo diferente que mostrarle o enseñarle; no solo tendrá un espíritu animal que le sea asignado. Los guías animales a menudo se consideran simbólicos, o energías que encarnan el espíritu de cualquier animal que los represente. Si ve la visión de una pantera feroz mientras medita, esta guía espiritual puede ofrecerle protección y consejos sobre la asertividad. Si ve a un toro parado tranquilamente en un campo, puede estar ahí para ayudarlo a estabilizarse.

Su guía espiritual puede no ser un antepasado ni mostrarse como una representación simbólica. Puede que solo sea energía pura que a menudo vista como una luz brillante. Esto es a lo que muchas personas se refieren como un ángel. Es probable que sea una entidad energética reconfortante y familiar que lo ha vigilado desde su concepción. Asegúrese de que cualquier entidad con la que se conecte sea verdaderamente su guía espiritual. Si hay algún sentimiento de oscuridad o incomodidad, entonces esa entidad no es su guía espiritual. Su única experiencia con su(s) guía(s) debe ser positiva: así es como lo sabe con seguridad.

Ahora que conoce los conceptos básicos de lo que es una guía espiritual, veamos cómo podemos contactar y comunicarnos con nuestros guías. Esta puede ser la primera vez que interactúa con su guía. ¡Es posible que ni siquiera sepa qué forma tomará su guía todavía!

La meditación es la mejor manera de contactar con su guía espiritual. Hay muchas meditaciones guiadas (consulte el capítulo 6) disponibles en línea para comunicarse con su guía espiritual. Si no está haciendo una meditación guiada, cuando se siente a meditar, enfóquese en el contacto con su guía espiritual. Si se comunica con ellos por una razón, también puede concentrarse en la razón por la que desea comunicarse con ellos, pero al principio, solo enfoque su propósito en encontrarse con su guía espiritual. Despeje su mente y no fuerce nada. Como con todos los aspectos de la espiritualidad, no se sienta frustrado si no funciona de inmediato. Solo siga sentado para meditar con la poderosa intención de contactar con su guía espiritual. Es posible que no se les vea en una visión o como una imagen, pero si mantiene su mente clara y la deja fluir de forma natural, comenzará a sentir su presencia y, con el tiempo, su canal de comunicación con ellos se volverá más fuerte.

Puede ponerse en contacto con su guía espiritual a través de la meditación, pero a veces se mostrarán ante usted sin que se encuentre en un estado meditativo o en busca de ellos, como un cuervo que desciende para pararse directamente en medio del camino en el que caminaba, los ojos fijos en usted, o el olor de su abuela de repente llenando sus fosas nasales por un momento o escuchando una canción que siempre asoció con su tío que falleció. Todos estos podrían ser la presencia de su guía espiritual.

Ciertos momentos, cuando su intuición lo exhorta a hacer o no hacer algo, es tan claro que casi suena como si una voz interior le hablara (similar a la clariaudiencia), este podría ser su ángel guardián, que le da consejos o advertencias en su vida consciente cotidiana. No tiene que hacer nada para experimentar esta comunicación; solo escuche y agradezca el consejo. Es probable que su guía, en el ámbito espiritual, sepa cosas que usted no sabe y tenga sabiduría, por lo que siempre es una buena idea confiar en ellos, pero al final del día, es su decisión. Son guías, no dictadores.

Su(s) guía(s) espiritual(es) pueden visitarlo y presentarse ante usted en forma de un sueño. Si alguna vez ha tenido un sueño particularmente vívido en el que una entidad benigna (ya sea su abuela muerta, un animal o una presencia enérgica) le ha hablado, le ha hecho una señal o le ha llevado a algún lugar, y lo recuerda claramente al día siguiente, o al menos recuerda la esencia de lo que le estaban comunicando y mostrándole, esta fue probablemente la visita de un guía espiritual. Aunque pueda recordar las figuras que encontró y lo que se le comunicó cuando se despierta, es probable que olvide detalles importantes, si no todo su sueño a medida que pasa el día, por lo que es una buena idea llevar un diario de sueños y escribir exactamente lo que soñó con todos los detalles que pueda recordar después de despertarse. Si tiene que salir corriendo para ir al trabajo, puede escribir en el bloc de notas de su teléfono, no tiene por qué ser nada sofisticado. Si desea mantener un registro de encuentros con guías espirituales, sueños simbólicos e importantes, puede copiarlo en un diario de papel cuando tenga la oportunidad. Si desea reunirse con un guía espiritual durante su sueño, concéntrese en una pregunta a la que desee respuesta o la razón por la que desea comunicarse con ellos antes de irse a dormir. Mientras se queda dormido con esto en mente como su enfoque, con suerte, los encontrará en su sueño esa noche. Este es un sistema de sueño lúcido, así que tenga en cuenta que puede tomar algunos intentos para tener este tipo de control sobre sus sueños.

Independientemente de la forma que tome su guía espiritual y para qué sirve, es posible crear una conexión sólida y un canal de comunicación con ellos a través de la práctica. Recuerde: si una entidad que cree que es su guía espiritual lo hace sentir negativamente de alguna manera o está rodeada por cualquier energía oscura o desagradable, esa NO es su guía espiritual, y debe desconectarse de ellas. Sus interacciones con los guías espirituales siempre deben ser positivas: si son algo introspectivas, o si son el espíritu de un ser querido muerto, entonces pueden ser agridulces. Su guía espiritual y/o su ángel guardián solo quieren lo mejor para usted, y pueden ser una gran fuente de apoyo que no debe dudar en utilizar.

Capítulo 8: Auras y Lectura del Aura

¿Qué es exactamente un *aura*? Seguramente ha escuchado el término antes, pero puede que no esté claro de qué es exactamente. Básicamente, cada persona tiene una. De hecho, todos los seres vivos la tienen, pero vamos a centrarnos en nosotros, los humanos. Es el campo de energía alrededor de las personas lo que le da una idea de quiénes son como personas. Las auras se pueden ver como una luz colorida que emana de alguien o la energía percibida por alguien sin tocarlos, lo que puede proporcionarle información sobre la personalidad del individuo. Leer auras puede ser complicado y requiere práctica para dominarlo.

El aura de una persona puede aparecer como un color o múltiples colores alrededor del cuerpo de una persona. Para practicar ver el aura de alguien, puede preguntarle a un amigo si puede pararse frente a un fondo blanco. No tiene que ser todo su cuerpo, solo la cabeza y los hombros están bien si no tiene un fondo lo suficientemente grande. Esta es la mejor manera para que un principiante practique, ya que el fondo neutro hará que los colores que aparecen a su alrededor se vean claramente. Otros colores pueden distraer y causar sesgos, así que pídales que usen la ropa más neutral posible. Trate de no estar en un entorno que crea que lo distraiga o lo haga perder el enfoque. Ahora que ha configurado esto, la forma en que comenzará a ver los colores de su aura es eligiendo un lugar para mirar (algo en o cerca de su amigo que no sea colorido) y desenfocar un poco los ojos para que su visión sea algo borrosa. No se concentre en el lugar que ha elegido, sino en su vista periférica. Siga mirando, puede tardar unos minutos, o puede aparecer de inmediato, pero debe comenzar a ver una especie de luz alrededor de su amigo, como una huella o una forma brillante. Poco después, debería cambiar de ser solo luz a mostrar un color. Esto se considera su aura. Tome nota del color (o colores) que vio, y usted y su amigo podrán ver qué significa ese color, qué dice sobre su amigo y las diferentes interpretaciones de ese color. Recuerde, el simbolismo del color no es universal, pero vea cuál se ajusta más a su amigo, o puede interpretar el color usted mismo. En general, el rojo puede indicar un individuo energético, el azul un buen comunicador, las auras púrpuras son misteriosas, el amarillo podría indicar una calidad cerebral, el verde para la creatividad, el naranja se asocia con la generosidad y las auras rosas muestran una figura cariñosa. Recuerde que estas son solo interpretaciones básicas, generales y comunes. Si siente que algo más es verdad, que así sea. Además, si aparta la vista del sujeto y sigue viendo su estampa delante de usted, como si observara el sol, verá un orbe azul brillante en su visión durante un tiempo, entienda que este NO es el aura de la persona. El aura son solo los colores que vio alrededor de su amigo. Si pasa tiempo en un aula u oficina con muchas paredes en blanco incoloras, puede practicar con sus compañeros de clase/compañeros de trabajo en su vida cotidiana. ¡No deje que lo atrapen mirando fijamente! Puede ser difícil de explicar.

Además de ver el aura de alguien, también es posible sentir el aura de alguien energéticamente. Esto es un poco más fácil que ver el aura, y es probable que haya sentido el aura de alguien en el pasado sin saberlo. Primero, puede practicar la percepción de las auras consigo mismo y con su propia presencia energética. Es fácil, y hay dos formas de hacerlo. La primera forma es frotar las palmas para estimularlas y luego mantenerlas separadas entre sí (con las palmas enfrentadas entre sí). Comience a acercarlas lentamente, notando la energía que siente, los cambios, el aumento de energía a medida que las acerca. La otra forma es similar. Presione sus palmas juntas con algo de fuerza durante 30 segundos a un minuto. Luego sepárelas y vuelva a juntarlas lentamente, de la misma forma que en el primer método. En ambos métodos, note cómo podría sentir la energía de sus palmas a medida que se acercaban, aunque no estuvieran tocándose en absoluto. A continuación, puede intentar leer el aura de otra persona. Pídale a un amigo que se pare o se siente frente a usted. Puede pedirles que cierren los ojos mientras pasa las manos cerca de su cuerpo, pero nunca tocando, o puede cerrar los ojos y hacer que le hagan esto. De cualquier manera, está fusionando auras. Como principiante, debe comenzar con las manos más cerca del cuerpo, pero a medida que desarrolle sus habilidades, inténtelo desde más lejos. Si su amigo está moviendo sus manos hacia su aura, es el mismo principio. Haga que comiencen cerca para que pueda sentirlo realmente, y luego intente desde más lejos. Lo que es más probable que sienta es un hormigueo, pero puede captar los sentimientos y el estado emocional de la persona. Mientras hace esto, vea si su estado de ánimo cambia y qué sensaciones capta. ¿Ha notado un aumento o disminución de la energía? ¿Un cambio de humor repentino o una emoción fuerte? Es probable que esto se esté filtrando desde el aura de la otra persona hacia la suya cuando se combinan. Si solo sintió un cosquilleo o nada en absoluto, está bien. Usted es un principiante, así que no espere resultados completos en el primer intento. Si sintió alguna otra sensación o sentimiento, discútalas con su amigo. Pregúnteles si esto es lo que estaban/están sintiendo y, por lo tanto, si tienen razón al suponer su estado mental. Si lo desea, mantenga un registro de sus experiencias y sesiones de práctica de lectura de aura en su diario.

La lectura del aura, tanto visual como energéticamente, es una habilidad útil para el psíquico porque le ayuda a tener una idea de la persona para la que está haciendo una lectura: cómo es su persona y cuál es su estado emocional y mental actual. Puede darse cuenta de cualquier inquietud o reserva que puedan tener, así como del estado de ánimo en el que están entrando en la lectura. Tener este conocimiento puede ayudarlo a adaptar la lectura al sujeto. Como psíquico, encontrará que no hay dos personas, y por lo tanto no hay dos lecturas, que sean iguales. Es posible que desee utilizar diferentes técnicas, herramientas y formas de explicar las premoniciones a alguien en función de la información que haya obtenido de ellas.

Su aura es su campo de energía. Es un reflejo de sí mismo y de su estado actual de ser. Puede ser pesado y llegar a obstruirse con energías negativas, así que aquí le explicamos cómo limpiarlo y refrescarlo.

Primero, querrá imaginar su aura. No necesariamente necesita ver ningún color o luz en particular en su tercer ojo, solo visualícelo a su alrededor y concéntrese en este conocimiento de que un campo de energía lo rodea. Debe estar relajado y sus ojos deben estar cerrados mientras hace esto. Ahora, piense en las interacciones o pensamientos negativos que pudo haber tenido o podrían haber sido dirigidos hacia usted recientemente. Aferrarse a estas interacciones suele ser una de las principales causas del bloqueo del aura. Déjalas ir. Si tiene que hacerle frente a alguien y disculparse o tener una conversación honesta con él, hágalo. Si no es así, entonces no hay razón para que lo lleve consigo. Imagine que en cada exhalación está dejando de lado un pensamiento negativo, una preocupación o un factor estresante. Cada vez que inhala, está reenergizando y revitalizando su aura, trayendo una sensación renovada a su campo de energía que una vez estaba desordenado, que ahora es un espacio en blanco de nuevo. Obviamente no puede eliminar todo de su aura; de lo contrario, ya no habría esencia de usted mismo en ella. Lo que está tratando de hacer con este ejercicio es liberar todo el desorden negativo que puede acumularse con el tiempo y hacer que se sienta derribado, bajo en energía e incluso deprimido. Haga este ejercicio unas cuantas veces para eliminar realmente todo el estancamiento. Puede encontrar su propia técnica de visualización: lo que sea que funcione mejor y sea más efectivo para usted. Y tratar de tomar un descanso del caos de la vida y la responsabilidad. Pase más tiempo en la naturaleza o en algún lugar que lo haga sentir cómodo y en paz.

Su aura también puede estar estancada porque está en un punto de estancamiento en su vida. Haga un poco de excavación profunda e introspección para ver si puede llegar al fondo de esto. ¿Hay algún aspecto de su vida que no le gusta? ¿Se siente insatisfecho? ¿Es tiempo de cambiar? Ninguna cantidad de respiración profunda va a responder estas preguntas. Si cree que son aplicables a cómo se siente, tendrá que enfrentarlas, sin importar lo difícil que sea. Para su propio bienestar, necesita llegar al fondo de qué aspecto de su vida necesita un ajuste. Si permanece estancado así energéticamente, también obstaculizará sus habilidades psíquicas, haciendo que se sienta demasiado letárgico o con poca energía para practicar su don de manera efectiva. Cuide su aura como cuidaría de su yo físico. Trate los bloqueos de su aura como trataría una enfermedad o un hueso roto.

Capítulo 9: La Mediumnidad

Hasta ahora hemos hablado de lectura psíquica. En este capítulo, hablaremos de lectura médium. Entonces, ¿cuál es la diferencia? Bueno, alguien que hace lecturas psíquicas puede no tener habilidades mediaísticas, que actúan como un recipiente y un puente de comunicación entre el mundo espiritual y el mundo de la vida, pero todos los médiums tienen habilidades psíquicas, ya que esto es lo que utilizan para contactar a los espíritus de los muertos.

La mediumnidad o los médiums pueden ser términos que no ha escuchado antes. Como se mencionó anteriormente, un médium es una persona que es un puente entre los muertos y los vivos. Pueden comunicarse con aquellos que han fallecido y transmitir mensajes a los vivos por ellos. Si alguna vez usó una tabla Ouija, esta es una forma de mediumnidad, ya que está contactando o intentando contactar a los espíritus de los muertos, aunque las tablas Ouija se usan generalmente como una forma de entretenimiento más que nada serio.

Las formas de mediumnidad utilizadas por los médiums practicantes son cuando los espíritus de los muertos hablan a través del médium, y cuando el médium recibe mensajes de forma clarividente (o clarisintiente, clariconsciente, clariaudiente) y transmite el mensaje a los vivos. La mayoría de las veces, una persona viva le pide al médium que intente contactar y crear un canal de comunicación con un ser querido muerto porque los extraña y/o porque hay asuntos pendientes o preguntas sin responder entre ellos y quieren una sensación de cierre. Es probable que el espíritu del difunto amado sienta lo mismo, por lo que estas sesiones pueden ser muy sanadoras.

Si desea convertirse en un médium, un intermediario entre el mundo de los espíritus y los vivos deberá tener un fuerte dominio de los cuatro tipos intuitivos (incluso si prefiere uno más que los otros), ya que los mensajes llegarán, y los percibirá a través de la clarividencia, la clariaudiencia, la clarisintiencia o la clariconsciencia. Esto es algo que debe probar una vez que haya practicado sus habilidades psíquicas por un tiempo y se sienta confiado. Aún puede estar en el camino de un principiante, pero asegúrese de que tiene lo esencial. Si siente que es un médium psíquico natural, alguien que ha sentido la presencia de los espíritus de los muertos desde una edad temprana, es posible que ya tenga una idea de cómo comunicar y usar estos canales espirituales. Sin embargo, esto no es una necesidad para convertirse en un médium.

Si conoce algún médium, o si encuentra que hay un médium practicante local con el que puede contactar, pregúnteles sobre su oficio. ¿Cómo se siente al comunicarse con los espíritus? ¿Cuándo empezaron o cuándo notaron por primera vez que tenían esta capacidad? ¿Cuáles son algunos ejemplos de experiencias mediumnísticas que han tenido? También puede buscar en línea para leer las experiencias de primera mano de los médiums, si no hay ninguno con el que pueda comunicarse donde vive. Solo tenga cuidado de que la persona de la que está aprendiendo no sea un estafador, ya que el mundo de la práctica psíquica está plagado de fraudes que buscan explotar a las personas por dinero.

Para comenzar a practicar el contacto con los espíritus, debe estar en un estado de relajación total. Encuentre un lugar tranquilo, cómodo, sin luces brillantes. Sienta la energía del universo que fluye a través de usted y relaje su mente, dejando que otros pensamientos que le atacan se desvanezcan. Ahora es el momento de llamar a los espíritus. Antes de realizar este próximo paso, asegúrese de haber dominado la protección psíquica contra espíritus y entidades negativas, ya que es posible invitar accidentalmente un espíritu negativo a su hogar (consulte el capítulo 3 para obtener más información). Para ayudar a reducir el riesgo de que un espíritu negativo ingrese a su espacio, piense en un ser querido suyo específico que desee contactar (esto también puede incluir una mascota). De esa manera, su llamada no se extiende a ningún espíritu que esté cerca. Ninguno está invitado, solo el espíritu de su ser querido. Ahora llámelos en voz alta. Llámelos a su espacio y tal vez hágales una pregunta o pregúnteles si tienen algo que comunicar. Llámelos mentalmente también. Invoque una imagen de ellos en su mente, bastante detallada, y mentalmente invítelos a el espacio. Si siente su presencia, hágales una pregunta que haya preparado de antemano. Puede sentirlos de diferentes maneras, ya sea que huela la colonia que solían usar, escuche su risa o una canción que solían cantar, vea su color favorito o una prenda de ropa que usaban en su tercer ojo, o un cambio repentino de emoción donde se siente cálido y lleno de amor. Estos son solo ejemplos para mostrarle que la forma en que los percibe puede no ser la de ver su imagen hablando con usted en su tercer ojo. La forma en que responden a las preguntas puede ser a través de imágenes que deben interpretarse o mediante palabras que ve o escucha en su mente. Si responde una pregunta y obtiene una emoción fuerte inmediatamente después, esta también puede ser una respuesta. O si responden con claridad, entonces sabrá la respuesta. Recuerde no forzar ni inventar su presencia o respuestas. Solo déjelos fluir, y si no se presentan o no responden ninguna pregunta, entonces está bien. Solo siga contactándolos y practicando y manténganse relajado. Si no capta nada, no lo fuerce. Suelte y vuelva a intentarlo otra vez.

También puede intentar practicar como un médium para un amigo, y puede invocar el espíritu de su ser querido, haciéndole al espíritu cualquier pregunta que su amigo pueda tener de ellos. Si realmente quiere desafiarse a sí mismo, no le pregunte a su amigo quién es la persona con la que desea comunicarse. Vaya a ciegas. Pídales solo que tomen una foto y piensen en la persona que desean contactar.

Mantenga su mente clara y relajada, y sea abierto y receptivo a cualquier energía y mensaje que pueda recibir. Si las imágenes o los sentimientos comienzan a aparecer, descríbalos a su amigo. Puede ir en línea y buscar videos de psíquicos en acción para ver cómo se hace esto. Por ejemplo, si está sentado allí con la mente vacía y, de repente, aparece una figura de un hombre en su mente, y luego el color rojo, y luego el concepto de la cena de Acción de Gracias y el olor a cigarrillos, usted diría: "Estoy viendo a un hombre, ahora el color rojo, y algo que ver con el Día de Acción de Gracias. También huelo a cigarrillos". Obviamente, no sabrá lo que esto significa, así que pregúntele a su amigo si tiene algún significado para él. Después de todo, cuando actúa como un médium, el mensaje no es para usted sino para la otra persona, con quien está conectado el espíritu del muerto. Si este es un mensaje legítimo, su amigo lo recibirá de inmediato, y si lo desean, pueden decirle lo que significa para ellos. Tal vez el hombre era su tío cuyo color favorito, camisa o automóvil era el rojo, y siempre organizaba un gran Día de Acción de Gracias familiar en su casa, era una tradición familiar anual. Y fumaba, lo que era un recordatorio familiar y reconfortante de su presencia para todos los que lo conocían. Este es un ejemplo de cómo puede progresar una lectura médium. También puede escuchar palabras o frases del difunto que debe transmitir a la persona viva. Dígale todo lo que vea y escuche en su mensaje, incluso si no tiene sentido para usted, ya que puede tener sentido y ser importante para la persona. Si no, entonces siga adelante. Es probable que no lo entienda todo bien, especialmente porque recién está empezando, así que siga diciéndole lo que está sintiendo y asegúrese de no forzar estos mensajes. Asegúrese de que lleguen a usted de forma natural y clara gracias al espíritu con el que ha contactado.

Capítulo 10: Interpretación de los sueños

Hasta ahora, hemos hablado sobre los esfuerzos conscientes que puede hacer para invitar a la predicción psíquica, pero la mitad del tiempo es su mente inconsciente la que está al mando. Los sueños pueden ser una forma para que el universo, sus guías espirituales o incluso su propio subconsciente le revelen mensajes importantes. Cualquiera puede recibir sueños significativos, pero notará que cuanto más sintonice sus habilidades psíquicas y el universo, más recibirá estos mensajes. La interpretación de los sueños se ha practicado durante siglos en todo tipo de sociedades antiguas, y todavía se usa con frecuencia hoy en día.

Entonces, ¿cómo puede saber si su sueño está tratando de contarle algo o si es del todo importante? Bueno, por lo general, algunos elementos se destacan de manera clara y vívida y lo impresionan mientras está en el sueño, y eso recuerda cuando se levanta. Si olvida el sueño, lo más probable es que no sea importante. A veces habrá una figura que le dirá directamente algo que recordará cuando se levante. A menudo, sin embargo, no es tan claro. Puede haber una serie de eventos que suceden o un sentimiento general a lo largo del sueño que puede estar asociado con algún aspecto del sueño, o tal vez haya personas o animales o algo simbólico que vea o con quien interactúe. Todos estos pueden ser interpretados y atribuidos a su vida de vigilia. Recuerde que, si algo en su sueño realmente se destaca, a lo mejor haya algo que saber de él.

Si hay una figura en su sueño que le dice algo, su apariencia puede ser tan simbólica e importante como el mensaje que transmitieron. Si en su sueño lo lleva un ciervo desde la oscuridad de los bosques a un brillante y soleado claro, el mensaje aquí se interpreta fácilmente para indicar que está muy estresado y que necesita tranquilidad (o está a punto de ingresar a un metafórico "ojo de la tormenta" en su vida). Pero el ciervo también tiene importancia. Si fuera guiado por la persona de quien estaba enamorado o por un ave o la mascota de su infancia, todos podrían darle un giro diferente al significado del sueño y cómo lo interpreta. Si su compañero lo guio, esto podría significar que, si continúa moviéndose a través de este cuadro áspero, será recompensado: están juntos en el camino a este refugio. Un ave puede significar ansiedad o inquietud, una necesidad de libertad. Una mascota de la infancia que lo guíe puede hacer que el claro signifique su pasado/su infancia, por la que siente una profunda nostalgia y anhelo en este momento de su vida. La firmeza y el silencio del venado, así como su naturaleza inocente (no depredadora) y su conocimiento instintivo del bosque, pueden indicarle que mantenga la cabeza erguida y la calma, y que llegará allí. Por supuesto, hay muchas maneras de interpretar estas cosas y también depende del otro contexto en el sueño, así como de su vida. Sin embargo, como probablemente habrá notado, hay muchas similitudes entre interpretar sueños e interpretar premoniciones.

Una cosa importante para recordar al interpretar su sueño es tratar de hacerlo sin prejuicios. Esto creará la interpretación más precisa, y la más honesta. También es mejor no usar fuentes externas como diccionarios de sueños o sitios web de sueños de la a-z o libros a menos que esté realmente atascado. Si siente que no está obteniendo la imagen completa, puede describir su sueño a alguien que conozca. Incluso si no tienen interés psíquico o nunca han interpretado un sueño antes, puede que vean la imagen con claridad. Digamos, por ejemplo, que soñó con un oso pescando en el río con sus cachorros. Los cachorros caen al río y son arrastrados, pero la madre no intenta salvarlos. Luego el sueño cambia a los cachorros de vuelta sanos y salvos con la madre oso. Simplemente no puede entenderlo, así que le pregunta a su amigo y le preguntan si se ha sentido distanciado o desconectado de su madre recientemente, o (si es madre) si ha sentido que no ha estado cuidando a sus hijos y se siente insuficiente. De inmediato, esto hace clic para usted y se pregunta por qué no lo vio antes. Siempre acuda a un amigo o familiar para que lo ayude a interpretar si está atascado ANTES de recurrir a un diccionario de sueños, ya que los diccionarios de sueños no conocen todos los detalles de su sueño, a menudo brindan una interpretación vaga de los símbolos de una palabra, y no conocen el contexto de su vida.

La técnica del diario ha sido discutida muchas veces a lo largo de este libro, pero nuevamente, es una buena práctica mantener un diario de sus sueños. Escribir un sueño tan pronto como se despierta le ayuda a recordar y aferrar los detalles que de otra manera se olvidarían poco después de despertarse, e incluso si lo olvida, puede regresar y releerlo y, con suerte, evocará el recuerdo del sueño otra vez. Además de ayudar a recordar, también le permitirá realizar un seguimiento de los patrones que surgen en sus sueños y analizarlos. Si cree que un sueño es importante, escríbalo siempre con todos los detalles que pueda recordar, todo cuenta. Incluso puede agregar un pequeño boceto si no puede poner algo en palabras completamente.

Otra forma de comenzar a analizar su sueño es cuestionarlo. ¿Por qué vi a esa persona en ese contexto? ¿Por qué estuvieron presentes los búfalos a lo largo de mi sueño? ¿Por qué había un sentimiento de inquietud y discordancia a pesar de que mi sueño era pacífico? ¿Cuál fue el escenario de mi sueño? ¿Qué estaba tratando de hacer? ¿Quién era yo en el sueño? ¿Por qué fue tan vivido el pájaro rojo brillante que apareció brevemente? Estos son algunos ejemplos, pero siéntase libre de hacer cualquier pregunta que considere relevante para su sueño.

Un tema común en los sueños que la gente teme es la muerte. Ya sea por la propia o por la muerte de un ser querido, pero no se preocupe, soñar con la muerte no lo está prediciendo. Los sueños rara vez son premoniciones y son más comúnmente reflejos de su estado emocional y metáforas de lo que está sucediendo en su vida y con lo que necesita lidiar. Si sueña con la muerte, esto puede significar un cambio masivo o un renacimiento emocional/espiritual en su futuro inmediato. Tal vez se esté mudando, o esté de viaje, terminando la escuela, experimentando una ruptura, etc. También puede significar que una parte de usted ha muerto simbólicamente y que la transformación interior está en obra. La muerte es a menudo un símbolo de cambio en nuestras vidas. De hecho, en el tarot, los lectores a menudo le dicen al cliente a quién están leyendo que no se tome la carta de la muerte de forma literal. Eche un vistazo de quién o qué está muriendo en su sueño y pregúntese por qué. ¿Por qué se está muriendo esta persona y qué representan o simbolizan como parte de mi vida? ¿Cómo encaja esta muerte en el contexto de mi vida? Incluso si la persona que muere es alguien que conoce, esto puede ser una representación de una parte de usted mismo o de su relación con ellos. También podría indicar más literalmente el temor de perder a esta persona. Hay muchas maneras de interpretar los sueños de muerte, y casi ninguno de ellos significa que alguien literalmente va a morir, así que tranquilícese y haga algo de introspección o prepárese para grandes cambios en el futuro.

Otro tema común de los sueños es ser perseguido, acosado o atacado. A menudo, el soñador se siente como si estuviera tratando de moverse, pero no puede o solo puede moverse en cámara lenta. Puede ser cualquier villano, criatura o animal que lo persiga o ataque, o puede que no sepa qué lo está persiguiendo, pero puede sentirse perseguido a lo largo de su sueño. A menudo, los sueños como este están más cerca de las pesadillas y pueden causar un miedo extremo y ansiedad para la persona dormida, especialmente si sabe que su agresor planea lastimarlo o matarlo (o ya lo están haciendo si el sueño implica que usted sea atacado). Esto puede representar la ansiedad o el miedo que tiene en su vida cotidiana.

Puede ser muy literal, como ser atacado por un perro (considerando que le tiene miedo a los perros) o ser perseguido por alguien que le haya causado daño en el pasado. Sin embargo, también puede ser simbólico, como ser perseguido por su jefe por el cual siente intimidación en la vida real y miedo de que lo despedirá pronto. O ser perseguido/atacado por un animal cuyos rasgos representan cosas que teme, por ejemplo, ser perseguido por un búho puede no parecer una situación muy espantosa, pero los búhos son cazadores adeptos y silenciosos, por lo que esto puede representar problemas de comunicación o problemas de relación, o el miedo a estar solo. Trate de mantenerlo en el contexto de su vida, y realmente cuestione y profundice en por qué esa entidad específica lo perseguía y/o atacaba con la intención de hacerle daño. Los sueños de ser atacado específicamente pueden mostrar vulnerabilidad y una sensación de pérdida de control en su vida. Los sueños de búsqueda y ataque pueden no representar fuerzas externas en absoluto y podrían estar demostrando que necesita tomarse un tiempo para la introspección; sus sentimientos pueden ser lo que realmente lo "está atacando" o "persiguiendo", y la confusión interna puede estar en la raíz de estos sueños perturbadores.

Estar desnudo o simplemente en ropa interior/ropa inapropiada es otro tema clásico para soñar. La interpretación más obvia que podemos obtener de esto es un sentimiento de vulnerabilidad, sentirse demasiado expuesto y metafóricamente desnudo. También puede vincularse a una sensación de pérdida de control y ansiedad, o podría indicar la necesidad de ser querido y el temor de que no les agrade a todos, que otros lo juzguen (sea cierto o no). Otra cosa por considerar es si está ocultando algo o tiene algún secreto, este sueño puede reflejar que siente que todos saben. La conclusión es que se sabe que estos sueños indican algún tipo de inseguridad, así que eche un vistazo a lo que está sucediendo en su sueño o quién está en el sueño y lo ve desnudo o no lo está viendo. Es probable que esto sea un reflejo de quién o qué lo hace sentir inseguro en su vida de vigilia. Si no es obvio, simplemente eche un vistazo de inmediato a su vida y piense en áreas en las que está inseguro. Quizás, literalmente, es inseguro acerca de su cuerpo y disfruta de la seguridad de ocultarlo debajo de capas de ropa. Puede haber áreas en las que ni siquiera ha pensado. Estos son lugares en los que necesita trabajar y aumentar su confianza, un mensaje que un sueño de este tipo intentaba transmitirle. Por otro lado, si se siente bien y seguro de estar desnudo o semidesnudo, ¡esta es una buena señal! Es probable que se sienta muy confiado y con poder en su vida en el momento actual y se sienta libre como si nada pudiera detenerlo. Una vez más, un significado literal de este sueño podría ser que usted se sienta muy cómodo y seguro con su cuerpo y no se sienta inseguro con respecto a su apariencia. Puede indicar que está contento consigo mismo como persona y no siente la necesidad de buscar la validación de los demás.

La caída es otro sueño común. Este es otro sueño que puede indicar un sentimiento de pérdida de control y sentirse abrumado en su vida, especialmente si se siente negativo y si tiene miedo y ansiedad cuando cae. Podría ser un miedo al fracaso en cualquier cosa, desde el trabajo, la escuela, las relaciones, o podría ser simplemente un temor a la incapacidad de mantenerse al día con su vida. También puede simbolizar un sentimiento de desilusión con algo, algún aspecto de su vida o alguien en su vida. Pregúntese cómo se sitió cuando estaba cayendo. ¿Hubo alguien más antes/durante/después de su caída? ¿De dónde se cayó? ¿Y qué más estaba pasando en el sueño? Intente responder a estas preguntas e interprete su significado en relación con su vida.

Probablemente ya haya escuchado que la caída de dientes es uno de los sueños más comunes, si no el más común. Casi todos han soñado alguna vez con que se les caen los dientes. Dado que este es un sueño tan común, hay muchas interpretaciones diferentes. Una posible interpretación es que se avecina un gran cambio en la vida. Para un niño o adolescente soñar con que se les caigan los dientes es un signo de su madurez y su camino hacia la edad adulta. La pérdida de dientes está asociada con la pérdida de algo/alguna parte de su vida. Con el ejemplo de los niños, representaría la pérdida de la infancia. Los sueños de caerse los dientes también pueden representar inseguridad, incapacidad para tomar decisiones o insatisfacción con algún aspecto de su vida que se siente incapaz de cambiar. Si sus dientes se caen con bastante rapidez, es posible que se sienta abrumado por algo en su vida o que simplemente no pueda encontrar una solución a algo. En el lado positivo, la caída de los dientes puede significar que el éxito y la prosperidad son suyos o están llegando a su vida. También puede indicar un cambio de vida positivo o un cambio que está listo para enfrentar directamente o que se producirá con facilidad. La clave para descifrar si un sueño de que sus dientes se caigan o no debe interpretarse de manera positiva o negativa es examinar cómo se sintió durante el sueño. Es probable que no se sienta necesariamente *bien* con la caída de sus dientes, pero si se siente neutral o calmado, esto puede interpretarse de una manera positiva: un cambio positivo para mejor o el éxito en su futuro inmediato. Si se siente asustado y ansioso por que se le caigan los dientes, esto puede representar algo más negativo y puede ser una causa de introspección, así como observar qué aspectos de su vida cotidiana podrían causar estos sentimientos. Tal vez es hora de tomar una decisión difícil o aceptar un cambio de vida no deseado.

Volar es un sueño común con el que muchas personas están encantadas de soñar. ¿Quién no ha deseado poder volar en algún momento de su vida? El mundo de los sueños es el único espacio donde podemos volar sin inhibiciones, sin maquinaria que nos ayude. ¿Así que, qué significa? Bueno, para empezar, los sueños de volar suelen ser positivos, acompañados por sentimientos de felicidad y euforia. Esta puede ser la forma en que su mente alivie algunas de las preocupaciones que pesan sobre su mente, ya que el sueño es su único escape de ellas (aunque ahora sabemos que pueden seguirlo en sus sueños de maneras perturbadoras). Un sueño positivo acerca de volar demuestra que está enfocado en alcanzar los objetivos que tiene en su vida, ya sea que esté cerca de lograrlos o no, el hecho es que confía en sí mismo y cree que puede lograrlos. Un sueño de volar también puede indicar estabilidad emocional y paz mental. Puede ser un reflejo de salir de algo o completar una tarea que le estaba pesando metafóricamente, y ahora es libre. También puede representar la toma de decisiones empoderada. También puede indicar que es posible que deba mirar las cosas desde una perspectiva diferente o que necesite ver una perspectiva más amplia. Si se siente negativo por volar o se pone nervioso y quiere aterrizar y estar en tierra estable nuevamente, esto podría significar que se resiste a permitir grandes cambios en su vida, prefiriendo atenerse a las comodidades, la rutina y los hábitos de su zona de confort. Algo puede sentirse fuera de alineación en su vida, y no le gusta, prefiriendo que todo vuelva a la normalidad. Aunque es difícil controlar sus sueños, trate de relajarse un poco y relájese dentro de su sueño la próxima vez que sueñe que tiene miedo de volar. Disfrute de la emoción y la prisa en lugar de sentirse nervioso, expuesto y fuera de lugar. Esto puede ayudar a manifestar esos sentimientos en su vida de vigilia, en cualquier área en la que necesite relajarse y aceptar algún cambio.

Llegar tarde a algo es un sueño que todos tenemos al menos una vez. Por lo general, este es bastante literal. La persona que sueña está anticipando un gran evento en su vida, trabajo, escuela, una cita, etc., al que no pueden llegar tarde o fallar, y es probable que tengan que levantarse temprano y programar una alarma. Soñar con llegar tarde, quedarse dormido, que su alarma no suene o perder algo por completo generalmente se debe a que se ha preocupado por asegurarse de llegar a tiempo a este evento. A menudo, el sueño se centrará en el evento en sí, y se despertará aliviado de no habérselo perdido. Simbólicamente, un sueño como este puede decirle que hay demasiado en su plato y que posiblemente no pueda mantenerse al día con todo. Le está diciendo que tal vez se lo tome con calma con los compromisos en su vida y quizás asuma menos. Soñar con llegar tarde puede reflejar una sensación de estar abrumado en su vida, por lo general hacer demasiados malabares a la vez y, por lo tanto, crear una sensación de caos. Trate de ver qué compromisos y actividades puede reducir y dónde puede agregar un poco de "tiempo para mí" a su rutina diaria. Es posible que sienta mucha presión y demanda en el trabajo, la escuela o la vida de su hogar. A veces es difícil crear tiempo para usted mismo en la sociedad acelerada de hoy, pero es mejor escuchar a su subconsciente. Si hay algo que se pueda mover o eliminar para crear ese espacio, hágalo. La necesidad de cambio es clara. ¡El hecho de que pueda realizar múltiples tareas no significa que deba! Estos sueños también pueden indicar un problema con la autoridad si, en el sueño, no le importa o no se siente ansioso por llegar tarde a una cita laboral o escolar (o cualquier cosa con una figura de autoridad en su vida) o si llega tarde a propósito.

Soñar con conducir o estar en un auto fuera de control también es un sueño clásico. Este sueño tiene una interpretación bastante obvia. Algún aspecto de su vida está fuera de control. Algo en su vida es una bola de nieve cada vez más rápida y no tiene control sobre lo que está sucediendo, o siente que no tiene control sobre lo que está sucediendo. El automóvil y la carretera suelen representarle a usted y su camino en la vida. Así que algo en el camino de su vida se está apoderando, y no tiene forma de detenerlo. Si no está en el asiento del conductor y no hay nadie más en el automóvil, entonces esto significa que es su responsabilidad que las cosas se hayan descontrolado y es su responsabilidad el volver a encarrilarse. Si alguien más está detrás del volante, tenga cuidado de si esta persona también forma parte de su vida de vigilia. El sueño podría estar advirtiéndole que esta persona es una mala influencia o que está desviando su camino. Podría estar tratando de decirle que esta persona lo está manipulando y que no tiene los mejores intereses en el corazón. Incluso pueden intentar hacerle daño. No deje que esta persona controle su automóvil metafórico y vigílelo en su vida de vigilia. Observe sus interacciones y las acciones de la otra persona hacia usted. Sin embargo, los sueños de autos fuera de control no siempre son malos. Si es un niño que comienza a madurar y entra en la siguiente fase de su vida, entonces sueña que de repente debe ingresar al asiento del conductor e intentar tomar el control de este automóvil fuera de control (este es un sueño común para los niños porque los niños nunca han conducido), y puede simbolizar que usted ingresa al mundo desconocido de la edad adulta, no está seguro de muchas normas y de cómo proceder. Esto es especialmente revelador si, en un momento, los padres del niño estaban en el asiento delantero y luego desaparecen repentinamente y depende del niño dirigir el automóvil. Esto se refleja en su realidad porque ahora les corresponde a ellos hacer muchas de las cosas que confiaron en sus padres para hacer. Tienen más responsabilidades. Cuando sueñe con un auto fuera de control, pregúntese cómo se siente. ¿Quién está o no está en el auto con usted? ¿Está solo? ¿Cuál es el escenario? ¿Y qué estaba pasando antes/después de que el auto perdiera el control? Esto es lo que debe mirar y sostener en comparación con su propia vida.

Un desastre natural es quizás un sueño un poco menos común, pero el mensaje suele ser muy importante. Soñar con un desastre natural no significa que el desastre vaya a ocurrir en su vida de vigilia, así que no se preocupe, no lo tome demasiado literal. El significado más común para un desastre natural (terremoto, tormenta, relámpago, huracán, tornado, volcán, tsunami, etc.) es la represión emocional. Puede ser un símbolo muy general de la represión emocional, o podría ser más específico. Por ejemplo, un sueño de un volcán o un rayo podría representar una ira acumulada, mientras que una inundación o un monzón podría ser tristeza reprimida o incluso depresión no reconocida. Una tormenta violenta y caótica podría simbolizar nuevamente la ira, o una agresión inquieta y/o energía que no tiene salida en su vida cotidiana. Los terremotos pueden estar diciendo lo mismo, y también podrían significar frustración. Otra cosa que soñar con un desastre natural podría significar es un cambio masivo en la vida o una revuelta de algún tipo, generalmente un cambio positivo en la mayoría de los casos.

Esté atento a los cuatro elementos (agua, tierra, fuego y aire) que aparecen en sus sueños. Piense en cómo se muestra el elemento en su sueño, qué se sabe que representa y cómo se siente en su sueño en relación con verlo.

Los sueños de agua suelen tener que ver con la emoción. Un sueño de agua es probable que le diga algo sobre su estado emocional en su realidad presente. ¿Cómo le aparece el agua? ¿Cómo interactúa con ella y cuáles son sus sentimientos hacia ella? Aguas tranquilas y cristalinas significan claridad emocional, tranquilidad y estabilidad. Sin embargo, si el agua es turbia o fangosa, esto significa que hay un aspecto de su vida, muy probablemente enraizado en la emoción, que es indescifrable para usted en este momento, algo con lo que ha estado lidiando durante un tiempo y no puede descifrar. El agua oscura y profunda muestra una emoción muy profunda. Tal vez recientemente se haya enamorado o haya perdido a un ser querido o haya experimentado algún tipo de evento emocional importante en su vida. Estas podrían ser emociones en un nivel subconsciente y de las que usted no es consciente. Si teme al agua en su sueño, es probable que le resulte difícil llegar a un acuerdo con cómo se siente acerca de algo y sus emociones en su vida de vigilia. Soñar con una terrible tormenta o un tsunami puede indicar que su represa metafórica está a punto de estallar. Las emociones que han sido reprimidas están burbujeando. También puede significar que se siente fuera de control sobre una parte de su vida, como si no tuviera conocimiento de los eventos que ocurren. Ver un tsunami en un sueño significa que debe prepararse para las cosas que vendrán en su vida de vigilia. Los sueños de ahogamiento también pueden ser un signo de temor de enfrentar y lidiar con las emociones. Los sueños de agua también pueden mostrar que tenemos una necesidad de limpiarnos a nosotros mismos y a nuestro espíritu. No simbolizaría que su subconsciente literalmente quiere que usted se limpie o se bañe físicamente, pero puede sugerir que es necesaria una limpieza/curación más emocional y espiritual, especialmente si ha lidiado con algún tipo de trauma o crisis emocional recientemente o incluso en el pasado y que esos sentimientos solo se hayan acrecentado. El agua también puede ser un importante símbolo de renacimiento y asumir un nuevo reto o capítulo en su vida. Pueden surgir nuevos comienzos y nuevas posibilidades para usted.

Algunas de las palabras asociadas con el fuego son ira, pasión, amor, agresión, calor, destrucción y energía. Un sueño sobre el fuego puede indicar muchas cosas según el contexto, como el tipo de fuego, cómo se sintió, qué hacía el fuego y cómo se involucró usted.

Los sueños de fuego a menudo pueden tener algo que ver con el renacimiento, al igual que el agua. Solo mire lo que hace el fuego en la naturaleza. Sí, puede ser destructivo, pero quema lo viejo para dar paso a un nuevo crecimiento. Un sueño con fuego podría simbolizar el dejar ir las cosas y dejar que usted y su espíritu crezcan y maduren. El símbolo del ave fénix que se levanta de las cenizas es una metáfora perfecta del signo positivo que el elemento de fuego puede significar para usted en un sueño. Si algo en su sueño está siendo consumido por el fuego y se siente molesto por ello, sin embargo, esto puede significar que está siendo consumido por sus emociones (probablemente más negativas) en su vida de vigilia. Examínese a sí mismo por la ira sin control, la obsesión, los celos, la inquietud, etc. Intente encontrar una salida saludable para estas emociones en su vida para que no se acumulen y tengan una influencia negativa en su estado mental, espiritual y emocional. Cuanto más controlado esté el fuego en su sueño, más estables estarán sus emociones y su vida. Cuanto más fuera de control esté el fuego, más puede ser un signo de gran cambio, o una pista para frenar un poco en sus arrebatos emocionales y pasiones. Si no es usted una persona apasionada y que expresa sus emociones de forma abierta, entonces un fuego fuera de control puede interpretarse como un subconsciente que llega al punto de ruptura con las emociones reprimidas, y debe dejarlo salir de alguna manera, pero tenga cuidado. Solo dejarlo libre podría tener efectos negativos en su vida. Piense las cosas y no *haga* ni diga nada de lo que se arrepienta más tarde. Tal vez intente algo de introspección y hable con alguien de confianza y alejado de su situación o sentimientos, incluso con un profesional si cree que requiere este nivel de asesoramiento. El fuego es un signo de impulso, así que tenga cuidado de no ser demasiado impulsivo. Esto se duplica si ya es una persona impulsiva. Sin embargo, recuerde, a menos que se sienta negativo respecto al fuego en su sueño, no debe temerle a pesar de su reputación negativa. Piense en un fénix que se levanta de las cenizas otra vez. La mayoría de las veces, el fuego es un símbolo positivo en los sueños.

Soñar con el elemento tierra, así como con cualquier cosa relacionada con el lodo, el suelo, los árboles, las montañas y la naturaleza, en general, se puede interpretar de muchas maneras, ya que toma muchas formas. También puede ser menos perceptible para nosotros cuando soñamos, a pesar de su frecuente aparición en nuestros sueños, porque siempre está ahí en la forma de la tierra en la que estamos. Sin embargo, esta no es la única forma que toma, ya que es un elemento muy versátil, así que echemos un vistazo a algunas de sus apariencias más simbólicas en los sueños. La tierra es diferente de los otros tres elementos, ya que es el único sólido. La conexión a tierra, la estabilidad y el reino material o físico son lo que representa en general. También es un símbolo de testarudez, rigidez y un espíritu inmutable. La única vez que la tierra puede representar el renacimiento en los sueños es si sueña o ve en su sueño algo que está empezando a crecer o florecer fuera de la tierra, o cualquier tipo de crecimiento nuevo. Siendo la tierra el símbolo del materialismo, esto podría significar el crecimiento del éxito y la prosperidad, generalmente financiera. Sin embargo, la tierra también es el símbolo de la madre tierra/madre naturaleza, por lo que esto podría simbolizar la fertilidad o la riqueza de la vida. Estar atrapado en el barro o ser succionado y tragado por la tierra podría simbolizar una dificultad financiera o la sensación de estar abrumado con todo lo que tiene que hacer en su vida en este momento, especialmente si un sentimiento de miedo acompaña esto. Estar dentro de la tierra de alguna manera, entrando a una cueva, espacio subterráneo o túnel, podría indicar que está explorando y tomando conciencia de su subconsciente. Se está volviendo consciente o se está haciendo consciente de algo oculto de su mente consciente. Esto suele ser una buena señal y puede indicar un crecimiento personal. Sin embargo, a veces estos sueños pueden ser aterradores. Si se siente asustado al entrar bajo tierra en un sueño, esto puede atribuirse al hecho de que hay algo allí que no quiere enfrentar. Hay algo que enterró en su subconsciente que no quiere ver o tratar. Eso suele ser lo que significan estos sueños.

El aire, como la tierra, es menos perceptible en los sueños que el fuego y el agua. Esto se debe a que la tierra y el aire están obligados a estar en nuestros sueños una y otra vez, como el aire que respiramos y el suelo en el que pisamos. Sin embargo, puede adoptar otras formas, así como este aspecto menos notable. Por lo tanto, echemos un vistazo a como más aparece en nuestros sueños y lo que puede significar. El aire representa inteligencia, comunicación y espiritualidad (aunque se puede decir que cada elemento tiene vínculos espirituales de una forma u otra, ya que todos son igualmente parte de nuestro mundo). Los vientos ásperos y en ráfaga que lo hacen sentir inquieto e incómodo, o más emociones negativas en un sueño, pueden simbolizar la vulnerabilidad. Quizás se sienta emocionalmente/espiritualmente vulnerable en su vida, o quizás ni siquiera se dé cuenta de estas vulnerabilidades. Mencionamos los sueños voladores y lo que simbolizan, pero lo veremos aquí brevemente cuando caiga bajo el elemento aire. Un sueño de volar es a menudo positivo, y si es un sueño de vuelo positivo, representa paz mental y un sentimiento de libertad. Tal vez usted acaba de pagar una deuda o completó una tarea o terminó/entró en una relación, tal vez sea una razón más espiritual, pero sea lo que sea, es probable que algo en su vida le haya causado una gran tranquilidad si tiene un sueño positivo sobre volar. Considérese afortunado, ya que los sueños voladores son algunos de los mejores sueños que las personas pueden tener. El aire, como el agua y el fuego, es un elemento flexible muy cambiante. Una gran tormenta o viento puede indicar un cambio importante en la vida, así como la vulnerabilidad. Si le falta aire o le cuesta respirar, es posible que sienta pánico, ansiedad y agobio en su vida de vigilia. Si el aire es frío, esto podría indicar distancia emocional/frialdad, y/o soledad o una distancia no deseada de otras personas que le importan. Las ráfagas de viento que aparecen de forma negativa en su sueño también podrían indicar que tiene la necesidad de conectarse a tierra y ponerse en contacto con la realidad. Recuerde, todo es simbólico: estos sueños de los elementos no son premoniciones acerca de que usted se ahogue o se queme en un incendio o que la tierra se lo trague o que un tornado lo vaya a succionar. Si vienen con sentimientos negativos, entonces hay algo en su vida que está causando estos mensajes de sueño significativos y poderosos, y su interpretación es un paso en la dirección correcta para descubrir cómo llegar al fondo de estos sentimientos o problemas, enfrentarlos, crecer, y seguir adelante.

Conclusión

Gracias por llegar hasta el final de *Psíquica: la guía esencial para el desarrollo psíquico para desarrollar habilidades como la intuición, la clarividencia, la telepatía, la sanación, la lectura del aura, la mediumnidad y la conexión con sus guías espirituales.* Debería haber sido informativo y haberle proporcionado todas las herramientas que necesita para alcanzar sus objetivos, sean cuales sean.

El siguiente paso es seguir adelante y comenzar a utilizar los consejos, trucos, herramientas y técnicas proporcionadas en este libro para comenzar a realizar su potencial psíquico y adquirir confianza y poder a medida que avanza su viaje hacia el mundo del poder psíquico. A medida que tenga más confianza en sus habilidades y comience a ver más resultados, tendrá el deseo de probar algunas de las técnicas más difíciles y los estilos de lectura psíquica que se sugieren y describen en este libro, como la telepatía, la adivinación de la bola de cristal, la mediumnidad y la lectura del aura. Y recuerde: es verdad lo que dicen, ¡la práctica realmente hace la perfección! Por lo tanto, si algo no funciona para usted de inmediato, no significa que no funcionará o que no puede usar esa técnica. Todos pueden usar cualquiera de las herramientas mencionadas en este libro, aunque para algunos es más fácil que para otros. Si ve a alguien que ha empezado como principiante como usted, pero ahora es mejor en el uso de cierta práctica, puede que sea más natural para ellos. No se juzgue a sí mismo ni a su progreso en función de los demás, solo apéguese a ello y verá en qué medida avanza. Además, es probable que haya cosas que sean más naturales para usted que para los demás, así que no se preocupe, ¡eso se nivela!

Finalmente, si encuentra que este libro es útil de alguna manera, ¡siempre se agradece una reseña en Amazon!

www.ingramcontent.com/pod-product-compliance
Lightning Source LLC
Chambersburg PA
CBHW020126130526
44591CB00032B/550